O MÉTODO de VENDAS de Napoleon Hill

Autorizado pela Fundação Napoleon Hill

NAPOLEON HILL

Título original: *Selling You!*

O método de vendas de Napoleon Hill
6ª edição: Julho 2025

Autor:
Napoleon Hill

Tradução:
Mayã Guimarães

Preparação de texto:
3GB Consulting

Revisão:
Carla Sacrato

Projeto gráfico e capa:
Jéssica Wendy

Impressão:
Plena Print

DADOS INTERNACIONAIS DE CATALOGAÇÃO NA PUBLICAÇÃO (CIP)

Hill, Napoleon.
O método de vendas de Napoleon Hill / Napoleon Hill ; tradução de Mayã Guimarães. – São Paulo : Citadel, 2021.
272 p.

ISBN 978-65-5047-110-1
Título original: Selling you

1. Desenvolvimento pessoal 2. Vendas 3. Marketing pessoal I. Título II. Guimarães, Mayã

21-3559 CDD 158.1

Angélica Ilacqua - Bibliotecária - CRB-8/7057

Produção editorial e distribuição:

CITADEL
Grupo Editorial

contato@citadel.com.br
www.citadel.com.br

O MÉTODO de VENDAS de Napoleon Hill

O Método de Vendas de Napoleon Hill é a mais completa compilação de material criado e escrito por Napoleon Hill sobre os assuntos de venda e marketing de seus serviços pessoais e sobre como se vender.

Tradução:
Mayã Guimarães

CITADEL
Grupo Editorial

Sumário

Capítulo 1

Todo mundo está vendendo

Trinta e cinco anos atrás, um jovem desceu de um trem em movimento em West Orange, Nova Jersey, e correu para o laboratório de Thomas A. Edison. Quando perguntaram o motivo de sua visita antes de permitirem que encontrasse o Sr. Edison, o jovem respondeu com ousadia: "Serei sócio dele!".

Essa ousadia o fez passar pela secretária. Uma hora depois, ele estava trabalhando, esfregando o chão na fábrica de Edison. Aquela hora de venda valeu milhões de dólares. O jovem era Edwin C. Barnes. Cinco anos mais tarde, ele era sócio do grande Edison, e tornou-se famoso como distribuidor da máquina de ditado de Edison que revolucionou a maneira como as empresas funcionavam.

Edwin Barnes acumulou uma fortuna e devia cada centavo dela àquela hora que passara em uma conversa particular com Edison. Durante aquela hora ele se vendeu tão completamente, que conseguiu a chance de estabelecer uma sociedade com um dos maiores homens dos Estados Unidos.

Meu primeiro emprego foi de secretário do general Rufus A. Ayers. Comecei a trabalhar para ele quando ainda era adolescente, e, antes de completar vinte anos, me tornei gerente-geral de uma das minas de carvão de Rufus Ayers. O salto de secretário para gerente-geral foi dado em menos de uma hora, tempo em que me vendi para ele fazendo voluntariamente um serviço que não esperavam de mim, e pelo qual eu não era pago. Aquela venda mudou minha vida e me levou diretamente à aliança com Andrew Carnegie, que, em última análise, influenciou milhões de pessoas no mundo todo.

A pedido de Andrew Carnegie, comecei a pesquisar todas as causas de sucesso e fracasso e organizar os resultados em uma filosofia de sucesso individual. Os fatos descritos neste livro não foram meramente escritos; foram vividos pelos homens e pelas mulheres que fizeram da América do Norte a maior nação industrial da Terra. Obtive os fatos diretamente com essas pessoas. Durante trinta anos, tive a colaboração dos mais criativos e bem-sucedidos empreendedores, inventores, empresários, industriais e líderes políticos norte-americanos.

Durante todos esses anos de pesquisa, entrevistei e tive a cooperação de mais de quinhentos dos homens e mulheres mais bem-sucedidos do mundo, inclusive Henry Ford, Thomas A. Edison, Luther Burbank, presidente Woodrow Wilson, John D. Rockefeller, Harvey S. Firestone, William Wrigley Jr., F. W. Woolworth e muitos outros que se venderam em riquezas fabulosas – com a ajuda de alguns princípios de venda que você vai encontrar neste livro.

NOTA DO EDITOR

Poucas pessoas entenderam tão bem a arte de vender quanto Napoleon Hill. Além de ser mundialmente famoso como o autor dos livros de desenvolvimento pessoal mais vendidos de todos os tempos, Hill se tornou uma lenda nos círculos empresariais por ensinar pessoalmente a arte da venda com tanta eficiência, que salvou companhias a caminho da falência multiplicando as vendas muitas vezes. Ele não só ensinou profissionais de vendas a dobrar e triplicar sua renda, como também criou cursos de nível universitário de publicidade e vendas, e depois vendeu às faculdades a ideia de fazer de seus cursos uma parte do currículo delas.

Embora a filosofia de sucesso pessoal de Hill seja baseada nos segredos de sucesso a ele contados por líderes do comércio e da indústria, ele também aprendeu algumas lições da maneira mais difícil, tendo lançado pessoalmente diversas empresas que fizeram fortunas, e depois perdeu tudo, algumas vezes por causa da guerra, outras pela Crise de 1929. Ele vendeu ideias para algumas das maiores empresas da América, resolveu importantes disputas com trabalhadores vendendo para a administração e os funcionários novas e melhores maneiras de trabalhar juntos, e ajudou dois presidentes a vender a América para os americanos durante tempos difíceis, quando o povo perdia a fé no futuro.

W. Clement Stone, renomado por sua capacidade de transformar visitas vazias em vendas, ficou tão impressionado com a habilidade de Hill que pediu a ele para se encarregar de criar um novo programa de vendas para sua companhia de seguros, Combined Insurance Company (agora conhecida como Aon Corporation). Como você lê no capítulo sobre alianças de MasterMind, a Combined Insurance já era grande, mas o curso de vendas criado por Hill a transformou em uma gigante.

O método de vendas de Napoleon Hill *oferece a mais completa exploração da abordagem de Napoleon Hill para vendas e vender-se. Quando preparavam esta edição, os editores conduziram uma extensa revisão de livros, palestras, discursos, artigos e registros de Hill para encontrar as melhores explicações, exemplos, histórias e ilustrações. A estrutura do livro é baseada nos capítulos sobre vendas de* Quem vende enriquece, *aumentada pelos capítulos e trechos relevantes da obra-prima de quatro volumes de Hill,* O manuscrito original – As leis do triunfo e do sucesso de Napoleon Hill, *e seu best-seller clássico,* Quem pensa enriquece – O legado. *Essa edição também inclui exemplos e histórias de outros trabalhos de Hill, inclusive seleções de* Believe and Achieve *e* Chaves para o sucesso, *bem como material de* The Success System That Never Fails, *de W. Clement Stone, e* A Lifetime of Riches: The Biography of Napoleon Hill, *de Michael J. Ritt e Kirk Landers.*

Na preparação desta edição nova e atualizada, em que algum conteúdo poderia ser considerado datado ou fora de sintonia com práticas contemporâneas, o texto original foi atualizado ou ampliado com material novo e relevante.

Além dos exemplos contemporâneos, nos casos em que os editores acharam que seria interessante para o leitor, incluímos notas que fornecem informação relevante sobre acontecimentos mais recentes. Também sugerimos livros e outros materiais que complementam vários aspectos da filosofia de Napoleon Hill.

Além disso, os editores abordaram o texto como faríamos com o de um autor vivo. Quando encontramos o que os gramáticos modernos teriam considerado frases mal construídas, pontuação ultrapassada ou outras questões de forma, optamos pelo uso contemporâneo.

Como apontado anteriormente, a estrutura básica de O método de vendas de Napoleon Hill *é baseada em uma adaptação do texto de* Quem vende enriquece. *Em muitos casos, o texto básico foi adaptado ou elaborado pela integração cuidadosa com outro material publicado originalmente em* O manuscrito original *ou* Quem pensa enriquece – O legado. *Nesses casos em que os editores introduziram parágrafos completos ou segmentos mais longos dessas duas publicações ou de outros textos de Hill, o material adicional e a fonte original são claramente identificados.*

Todos os comentários editoriais e novos exemplos são claramente destacados com fonte e estilo diferentes dos textos de Napoleon Hill.

TODO MUNDO ESTÁ VENDENDO, O TEMPO TODO

A capacidade de influenciar pessoas sem irritá-las é a mais lucrativa habilidade que se pode aprender. Este livro é dedicado a ensinar os princípios da psicologia pelos quais você pode negociar com outras pessoas sem atrito. Esses princípios nós aprendemos com as experiências de vida de alguns dos líderes mais bem-sucedidos do comércio, da indústria, das finanças e da educação.

A vida é uma série de circunstâncias em constante mudança. Não há duas experiências exatamente iguais. Nem duas pessoas exatamente iguais. Isso torna necessário nos adaptarmos a quem pensa e age diferente de nós. Nosso sucesso depende de como lidamos com esses contatos diários com outras pessoas, sem atrito ou oposição.

A arte das vendas, termo usado neste livro, aplica-se não só ao comércio de bens e serviços, mas também a você e sua personalidade. Na verdade, o maior objetivo deste livro é ensinar como se vender usando as mesmas estratégias e psicologia que os maiores vendedores usam para vender bens e serviços.

Todo mundo está vendendo o tempo todo. Seja você quem for, toda vez que encontra alguém, explica uma ideia, fala ao telefone ou dá uma opinião, está vendendo seu bem mais valioso: você. Se está procurando emprego, você precisa se vender para ser contratado, e depois precisa continuar se vendendo para permanecer empregado. Se vai ao banco pedir um empréstimo, tem que vender ao banqueiro a ideia de emprestar. Professores vendem lições. Políticos se vendem ao cargo. Ministros religiosos vendem seus sermões. E advogados vendem o caso do cliente aos juízes e júris.

Qualquer forma de esforço pela qual uma pessoa convença outra a cooperar é arte de vender. A maior parte dos esforços para vender é fraca, e por isso muita gente carece da arte de vender.

Educação formal, diplomas universitários ou intelecto não vão servir para muita coisa se você não conseguir convencer outras pessoas a cooperarem com você a fim de criar oportunidades para si mesmo. Essas qualidades podem ajudá-lo a tirar o máximo de uma oportunidade quando você a conquista, mas antes você precisa criar a oportunidade a ser trabalhada. Precisa criar oportunidade vendendo seus bens, seus serviços, suas ideias, sua habilidade, sua personalidade, você mesmo.

Toda uma vida pode ser vista como uma longa e ininterrupta cadeia de vendas. A seguir há cinco definições muito formais de arte de vendas, escritas por Jean Beltrand:

1. Vender é a habilidade de tornar conhecida sua fé, seus bens ou suas propostas para uma pessoa ou pessoas a ponto de criar o desejo por um privilégio, uma oportunidade, um bem ou um interesse.
2. Vender é a habilidade de profissionais ou pessoas públicas prestarem serviços, assistência e cooperação a ponto de criar um desejo nas pessoas de remunerar, reconhecer e homenagear.
3. Vender é a habilidade de realizar trabalho, obrigações e serviços como um empregado, a ponto de criar o desejo em empregadores de remunerar, promover e elogiar.
4. Vender é a habilidade de ser polido, gentil, agradável e atencioso a ponto de criar naqueles que você conhece um desejo de respeitar, amar e honrar você.
5. Vender é a habilidade de escrever, desenhar, pintar, inventar, criar, compor ou realizar qualquer coisa a ponto de criar nos

outros um desejo de aclamar seus donos como heróis, celebridades e pessoas de grandeza.

Eu acrescentaria a essa lista minha definição favorita: Vender é a arte de plantar na mente do outro um motivo que induza ação favorável a você.

Somos todos vendedores, independentemente do trabalho que fazemos. Mas nem todos são mestres em vendas.

- O mestre em vendas torna-se mestre por causa de sua habilidade para induzir outras pessoas a agirem a partir de motivos, sem resistência ou atrito.
- Mestres em vendas sabem o que querem. Sabem como planejar a aquisição do que querem. Além do mais, eles têm iniciativa de pôr seu plano em prática.
- A educação do mestre em vendas não está completa a menos que ele tenha a habilidade de convencer ou influenciar grupos de pessoas, não só indivíduos. A habilidade de falar para grupos com força e convicção é um bem de valor inestimável. Mas deve ser aprendida. É uma arte que só pode ser adquirida com estudo, esforço e experiência.
- Um mestre em vendas tem a habilidade de influenciar pessoas tanto pela página impressa quanto pela palavra falada.
- Um mestre em vendas é um artista que sabe pintar imagens-palavra com a mesma habilidade com que Rembrandt sabia misturar cores sobre telas.
- Um mestre em vendas é um estrategista na manipulação mental.
- Um mestre em vendas é um filósofo que sabe interpretar causas por meio de seus efeitos e efeitos por suas causas.
- Um mestre em vendas é um analista de caráter.

- Um mestre em vendas sabe que pensamentos estão na cabeça das pessoas pela expressão no rosto, pelas palavras que dizem, por seu silêncio e pela "sensação" que ele tem quando está com elas.
- Um mestre em vendas pode prever o futuro observando o que aconteceu no passado.
- Um mestre em vendas é o mestre de outras pessoas porque é o mestre de si mesmo.

Não importa quem você é ou quanto sabe, não terá sucesso a menos que seja um artista das vendas. Você precisa vender seus serviços. Precisa vender seu conhecimento. Precisa vender sua personalidade. Precisa se vender.

Se você domina esses princípios fundamentais de persuasão, pode vender o que quiser na vida com sucesso, superar obstáculos, superar oposição, dominar e redirecionar forças adversas.

QUALIDADES QUE UM MESTRE EM VENDAS DEVE TER

A seguir apresento uma lista de 28 qualidades que um profissional de vendas deve se esforçar para desenvolver. As cinco primeiras são absolutamente necessárias se você quer ser um mestre em vendas:

1. *Coragem* deve ser parte de qualquer pessoa bem-sucedida em qualquer empreitada, especialmente a de vender em tempos de intensa competição.
2. *Imaginação* é uma necessidade absoluta. Você precisa antecipar situações e objeções de possíveis clientes, e precisa ter a imaginação para se colocar no lugar do seu cliente de forma a entender suas necessidades e seus objetivos. Você tem que estar quase literalmente no lugar do outro. Isso exige muita imaginação.

3. *O jeito de falar* e o tom de voz devem ser agradáveis. Uma voz mansa ou hesitante indica uma pessoa fraca. Uma voz firme, clara, que flui com segurança e tom correto indica uma pessoa que tem entusiasmo e determinação.
4. *Preparo físico* é de suma importância, simplesmente porque mente e corpo não podem funcionar bem sem ele. Você tem que dar atenção à dieta adequada, a exercício saudável e ar fresco.
5. *Trabalho duro* é a única coisa que vai transformar treinamento e habilidade em vendas em dinheiro. Boa saúde, coragem ou imaginação não valem um centavo a menos que sejam postas para funcionar, e o valor que você ganha normalmente é determinado pela quantidade de trabalho duro e inteligente que pode fazer.

Os princípios relacionados acima são simples. Não há nada incomum ou mesmo impressionante neles. Mas a maioria dos profissionais de vendas não tem um ou mais dos cinco requisitos primários. Alguns podem trabalhar duro e usar bem a imaginação, até enfrentarem uma sucessão de recusas. É aí que o profissional de vendas com coragem surra o colega que não tem essas qualidades. Coragem é essencial.

Por sua vez, muita gente exibe coragem, imaginação e trabalho duro, mas, por preguiça, uso de drogas ou álcool, não tem a energia física para usá-los quando as coisas se complicam. A seguir relaciono mais oito qualidades essenciais. Elas pertencem ao produto ou serviço sendo vendido e ao plano e estratégia de vendas:

6. *Conhecimento da mercadoria.* O mestre em vendas analisa cuidadosamente a mercadoria ou serviço e entende completamente todas as suas vantagens. O mestre em vendas sabe que, se você não entende e não acredita no produto ou serviço, não pode vendê-lo com sucesso.

7. *Crença na mercadoria ou serviço.* O mestre em vendas nunca tenta vender nada em que não confia. O mestre em vendas sabe que, independentemente do que possa dizer sobre seus produtos, sua mente vai projetar a falta de confiança para a mente do possível comprador.
8. *Adequação de mercadoria.* O mestre em vendas analisa tanto o possível comprador quanto as necessidades do comprador, e oferece apenas o que é apropriado aos dois. O mestre em vendas nunca tenta vender um Rolls-Royce para uma pessoa que deveria comprar um Ford. Um mau negócio para o comprador é um negócio ainda pior para o vendedor.
9. *Valor dado.* O mestre em vendas nunca tenta obter mais do que os produtos realmente valem. A confiança e a boa vontade do possível comprador valem mais que o lucro de uma venda única.
10. *Conhecimento do possível comprador.* O verdadeiro mestre em vendas deve ser um analista de caráter. Um mestre em vendas tem a capacidade de determinar a qual dos nove motivos básicos o comprador vai responder mais livremente. O verdadeiro profissional de vendas constrói a apresentação para a venda em torno desses motivos.
11. *Qualificar o possível comprador.* O mestre em vendas nunca tenta fazer uma venda antes de ter "qualificado" apropriadamente o possível comprador. O mestre em vendas calculou com antecedência os pontos a seguir:
    - A capacidade financeira de compra do possível comprador.
    - A necessidade que o possível comprador tem daquilo que está sendo oferecido para venda.
    - O motivo do possível comprador para fazer a compra.

Tentar fazer vendas sem antes qualificar o possível comprador é um erro que está no topo da lista das causas para "não vender".

12. *Habilidade para "neutralizar" a mente do comprador.* O mestre em vendas sabe que nenhuma venda pode ser feita até que a mente do possível comprador tenha sido neutralizada, ou tornada receptiva. O mestre em vendas não vai conseguir fechar uma venda até ter aberto a mente do comprador e a preparado como um fundo ou uma base sobre a qual montar o mosaico de palavras do discurso de vendas.
13. *Habilidade para fechar uma venda.* Astros das vendas são artistas para chegar ao ponto do fechamento da venda, e treinam-se para sentir o momento psicológico ideal. Raramente perguntam ao possível comprador, se é que perguntam em algum momento, se ele está pronto para comprar. Em vez disso, os verdadeiros mestres das vendas simplesmente presumem que o comprador está pronto para comprar. Aqui eles usam o poder de sugestão de maneira mais eficiente. Os astros das vendas evitam tentar fechar uma venda antes de saberem que podem fechá-la com sucesso. Eles conduzem suas apresentações de vendas de forma que o possível comprador acredite que foi ele quem fez a compra.

A seguir vêm os princípios finais a serem adquiridos. Eles têm mais a ver com a personalidade e a organização pessoal do profissional de vendas do que com o que está sendo vendido:

14. *Personalidade agradável.* Supervendedores desenvolvem a arte de se fazer agradáveis a outras pessoas. Eles sabem que o possível comprador precisa comprar o vendedor tanto quanto a mercadoria, ou nenhuma venda poderá ser feita.

15. *Espetáculo.* O mestre em vendas também é um *super showman.* O astro em vendas alcança a mente do possível comprador dramatizando a apresentação e dando a ela "cor" suficiente para agradar a imaginação do possível comprador.
16. *Autocontrole.* O mestre em vendas exerce total controle sobre sua cabeça e seu coração o tempo todo. Se você não se controla, não pode controlar seu possível comprador.
17. *Iniciativa.* O mestre em vendas entende seu valor e usa o princípio da iniciativa. Ele usa a imaginação para criar planos que são traduzidos em ação por meio de iniciativa. Profissionais de vendas que chegam ao topo raramente precisam que digam a eles o que fazer ou como fazer.
18. *Tolerância.* O mestre vendedor possui mente aberta e é tolerante em todos os assuntos, sabendo que a mente aberta é essencial para o crescimento.
19. *Pensamento preciso.* O mestre vendedor pensa! Se você vai ser um mestre vendedor, você deve se dar ao trabalho de reunir fatos como a base de seu pensamento. Você não deve adivinhar quando os fatos estão disponíveis. Você devia ter nenhuma opinião fixa ou imutável que não seja baseada no que você sabe que são fatos.
20. *Persistência.* O mestre vendedor nunca é influenciado pela palavra *não* e não reconhece a palavra *impossível.* Os verdadeiros mestres sabem que todos os compradores seguem a linha de menor resistência recorrendo à desculpa do "não". A palavra não, para o mestre de vendas, nada mais é do que um sinal para iniciar a apresentação de vendas com tudo que ele tem.
21. *Fé.* Não me refiro à fé no sentido religioso. Aqui o termo fé se refere a esse estado de espírito que pode ser descrito como a

confiança intensa de que você pode fazer aquilo. O mestre de vendas é capaz de acreditar piamente:

» No que está vendendo.
» Nele mesmo.
» No potencial comprador.
» Em fechar a venda.

As superestrelas de vendas nunca tentam fazer uma venda sem ter esse tipo de fé nelas mesmas. Eles sabem que a fé é contagiosa, que a fé é adquirida por meio da "estação receptora" da mente do comprador em potencial, que age com base nela como se esse fosse o estado de espírito do próprio comprador. Sem fé não pode haver supervenda.

22. *Hábito da observação.* O mestre vendedor é um observador atento a pequenos detalhes. Cada palavra proferida pelo potencial comprador, cada mudança de expressão facial e cada movimento é observado e tem seu significado analisado. O mestre de vendas não apenas observa e analisa com precisão o que o potencial comprador faz e diz, mas também o que o potencial comprador não faz ou não diz. Nada escapa da atenção do mestre vendedor.
23. *O hábito de prestar mais serviços do que é esperado.* O mestre de vendas adota o hábito de prestar um serviço maior em quantidade e melhor em qualidade do que se espera que ele preste. Isso permite que você lucre com a lei dos retornos crescentes, bem como com a lei do contraste.
24. *Lucrar com falhas e erros.* Para o mestre vendedor, não existe esforço perdido. Ele lucra com seus próprios erros e, por meio da observação, com os erros dos outros. Em cada falha e erro pode ser encontrada a semente de um sucesso equivalente.

25. *O princípio do MasterMind.* Os supervendedores entendem e aplicam o princípio do MasterMind, por meio do qual multiplicam enormemente seu poder de realização. O princípio do MasterMind significa a coordenação de duas ou mais mentes individuais trabalhando em perfeita harmonia para um objetivo definido.
26. *Um objetivo principal definido.* O mestre em vendas trabalha com um objetivo definido de vendas em mente. Os mestres nunca vão trabalhar apenas com o objetivo de vender tudo o que for possível. Eles não só trabalham com um objetivo definido em mente, como também têm um tempo definido para atingir esse objetivo. O efeito psicológico de um objetivo principal definido será descrito no capítulo sobre autossugestão.
27. *A Regra de Ouro aplicada.* O mestre de vendas usa a Regra de Ouro como a base de todas as transações comerciais. Para ser um mestre em vendas, você deve ser capaz de se colocar no lugar da outra pessoa e ver a situação do ponto de vista do cliente.
28. *Entusiasmo.* De todas as qualidades que um vendedor deve ter, nenhuma é mais necessária e mais valiosa que o entusiasmo. O mestre em vendas tem uma abundância de entusiasmo que ele ou ela pode usar à vontade. Além disso, o verdadeiro mestre sabe que as vibrações do pensamento entusiástico que libera serão recebidas pelo comprador em potencial e servirão de base para ação como se fossem o entusiasmo do próprio comprador.

HÁBITOS QUE UM MESTRE EM VENDAS DEVE ELIMINAR

O sucesso em vendas é resultado de qualidades positivas que você deve ter e usar. O fracasso em vendas é o resultado de hábitos negativos que devem ser eliminados. A seguir, alguns dos pontos negativos mais importantes:

1. *O hábito da procrastinação.* Não há substituto para a ação imediata e persistente.
2. Um ou mais dos *medos básicos.* Um vendedor cuja mente é ocupada por qualquer forma de medo não pode vender com sucesso. Os seis medos básicos são:
   » O medo da pobreza.
   » O medo da crítica.
   » O medo de problemas de saúde
   » O medo de perder o amor de alguém
   » O medo da velhice.
   » O medo da morte.

- Passar muito tempo *fazendo "visitas" em vez de vendas.* Uma visita não é uma entrevista. Uma entrevista não é uma venda. Alguns que pensam que são vendedores não aprenderam essa verdade.
- *Transferir a responsabilidade para o gerente de vendas.* O gerente de vendas não deve acompanhar o vendedor nas visitas. Os gerentes de vendas não têm horas ou pernas suficientes para isso. Seu trabalho é dizer ao vendedor o que fazer, não fazer por ele.
- Desperdiçar muito tempo e esforço *criando desculpas.* As explicações não explicam. Pedidos de compra, sim. Nada mais funciona. Não se esqueça disso.
- Passar muito tempo em saguões de hotéis ou em qualquer outro lugar onde o vendedor "estaciona" para se *recuperar e recompor.* Faça a sua recuperação em movimento. É muito fácil ceder a um ambiente confortável.

- *Comprar histórias de azar* em vez de vender mercadorias. A economia é um tópico comum de discussão, mas não deixe que isso o distraia da sua apresentação de vendas.
- *Festejar muito na noite anterior*. Você pode ter se convencido de que festas e *networking* podem ser favoráveis para os negócios, mas não são se prejudicarem os negócios do dia seguinte.
- *Depender do seu gerente de vendas para ter clientes em potencial.* Quem só anota pedidos espera que os compradores em potencial sejam amarrados e retidos até que eles cheguem. Os mestres em vendas buscam os próprios clientes potenciais. Essa é uma das principais razões pelas quais eles são mestres em vendas.
- *Esperar que as condições dos negócios melhorem.* Isso não é nada mais que uma desculpa. Sempre tem algo que pode ser feito agora. Cabe a você encontrar esse algo.
- *Medo da competição, medo da palavra "não" e simples pessimismo.* Se você começar esperando que o cliente diga não antes mesmo de bater à porta, é provável que você não se decepcione. As pessoas podem sentir o cheiro do medo e identificar um perdedor.
- *Deixar de planejar seu dia com antecedência.* A pessoa que planeja seu dia com antecedência também realiza seu trabalho de forma lógica e eficiente, cumprindo o que planejou para aquele dia. Quando não há organização da programação, um vendedor literalmente "não sabe por onde começar".
- *Manter registros ruins e perder datas de ligações.* Os clientes em potencial e estabelecidos logo se cansam do vendedor que habitualmente se "esquece" de ligar em dias específicos. Quando um cliente precisa de uma mercadoria, precisa dela naquela hora!
- *Atraso.* O vendedor que costuma chegar atrasado para reuniões de vendas, compromissos de negócios e ao escritório logo tem que procurar novos clientes e, muitas vezes, um novo emprego.

- *Usar material dilapidado ou desatualizado.* Material amassado, desorganizado e desatualizado denota falta de organização e de interesse por parte do vendedor.
- *Estar sem papel e caneta.* Um instrumento de escrita é um fator vital para a eficiência do vendedor. O mestre em vendas investe em uma boa caneta ou lápis que atenda adequadamente às suas necessidades. Ele sabe que os clientes em potencial se cansam rapidamente do vendedor que tem sempre que pedir algo emprestado para escrever e anotar um pedido. O cliente se cansa ainda mais rápido do vendedor que pega uma caneta emprestada e nunca a devolve.
- *Usar óculos ou acessórios como enfeite.* Mexer no relógio de pulso, girar um anel ou morder a borda dos óculos, como se isso o ajudasse a pensar melhor, são maneiras infalíveis de deixar o cliente nervoso e, consequentemente, perder uma venda.
- *Uma apresentação de vendas cansada.* Repetir sua apresentação de vendas como se estivesse cansado de ouvi-la – declamando em voz alta e aparentemente entediado com a coisa toda – deixa seu cliente ou prospect entediado com você e sua apresentação.
- *Relatar problemas pessoais a associados e clientes.* Seus problemas pessoais são importantes para você – e somente você. Todos têm a cota deles e não querem saber da sua.
- *Deixar de ler e cumprir material pertinente.* Sua organização não produz boletins ou contribui com jornais do segmento para que sejam transformados em aviões de papel ou jogados na lixeira sem serem lidos. Eles são produzidos para lhe dizer algo. Leia-os e mantenha-se bem-informado.
- *Falta de cortesia em estacionar o carro.* O cliente que encontra o carro de um vendedor estacionado em sua vaga não é incentivado a comprar. Criar um engarrafamento bloqueando a entrada de automóveis de uma empresa é uma maneira excelente de atrair a

ira de qualquer cliente em potencial e perder a chance de vendas no futuro. Não é tão difícil andar um quarteirão a mais.

- *Prometer o que sua empresa não pode entregar.* O que o vendedor promete, o cliente espera receber. A incapacidade de cumprir uma promessa não é só uma complicação para o cliente e para sua empresa; também é um péssimo negócio.
- *Estar despreparado para a chuva.* O vendedor encharcado de chuva que se esqueceu de se preparar para um inevitável dia chuvoso é uma visão lamentável para o cliente em potencial. Uma capa de chuva leve e um guarda-chuva são sempre inestimáveis quando necessário.
- *Ficar sem suprimentos.* O vendedor que não está bem abastecido com contratos, catálogos, formulários para pedidos e outros itens importantes para a função frequentemente se vê com tão poucas vendas quanto são seus suprimentos.
- *Simples pessimismo.* O hábito de esperar ser recusado pelo possível comprador acaba criando justamente esse resultado.

Todo supervendedor sabe que toda venda é feita primeiro para ele mesmo. O medo só existe em sua cabeça. Você só é um perdedor se pensa que é. O quanto você se convence determina o quanto você pode convencer seu comprador.

Estude as listas acima cuidadosamente. Se você deixa a desejar em qualquer uma das qualidades, pode mudar isso. Vender é uma arte e uma ciência, e pode ser aprendido por quem quiser aprender.

Capítulo 2

Pessoas compram personalidade

NOTA DO EDITOR

Este segmento de abertura combina material de Quem vende enriquece *e material adicional de* O manuscrito original, *Volume I, Lição Um.*

Em qualquer uma das grandes cidades dos Estados Unidos, mercadorias de natureza e preço semelhantes podem ser encontradas em inúmeras lojas, mas você descobre que sempre tem uma loja excelente que faz mais negócios do que qualquer outra. A razão para isso é que no comando dessa loja tem alguém atento à personalidade de quem entra em contato com o público. As pessoas compram personalidades tanto quanto mercadorias, e é de se pensar se não são mais influenciadas pelas personalidades com as quais entram em contato do que pela mercadoria.

São as personalidades por trás de uma empresa que determinam a medida de sucesso que ela terá. Modifique essas personalidades para que sejam mais agradáveis e atraentes para quem sustenta a empresa, e a empresa prosperará.

O ramo de seguro de vida foi reduzido a uma base tão científica que o custo do seguro não varia muito, independentemente da empresa da qual você compra a apólice. No entanto, das centenas de seguradoras em operação, menos de uma dúzia fazem a maior parte dos negócios nos Estados Unidos.

Por quê?

Personalidades.

Noventa e nove em cada cem pessoas que compram apólices de seguro de vida não sabem o que tem em suas apólices e, o que é mais surpreendente, não parecem se importar com isso. O que elas realmente compram é a personalidade agradável de algum homem ou mulher que conhece o valor de cultivar essa personalidade.

Seu trabalho na vida, ou a parte mais importante dele, pelo menos, é alcançar o sucesso. Sucesso é "a realização de seu desejo ou objetivo principal definido, sem violar os direitos de outras pessoas". Independentemente de qual seja o seu principal objetivo na vida, você o alcançará com muito menos dificuldade depois de aprender como cultivar uma personalidade agradável e como lidar com os outros sem atrito ou inveja.

Como afirmei antes, um dos maiores problemas da vida, se não o maior, é aprender a arte de negociar com outras pessoas de maneira harmoniosa. Você não pode tem sucesso notável na vida sem ter poder, e nunca poderá desfrutar do poder se não tiver a personalidade adequada para influenciar outras pessoas a cooperar com você em um espírito de harmonia.

Este livro mostra, passo a passo, como desenvolver essa personalidade.

NOTA DO EDITOR

Napoleon Hill enfatizou muito a importância de nutrir uma personalidade agradável, mas, como você vai ler, embora Hill o incentive a trabalhar para mudar sua personalidade, isso não deve ser feito em detrimento de honestidade e caráter. Na verdade, pode ter sido a questão do caráter que levou Hill a escrever Quem vende enriquece, *no qual este livro se baseia.*

Outro grande autor de desenvolvimento pessoal e conferencista da época foi Dale Carnegie, que, como Hill, teve um impacto poderoso na maneira como os negócios eram feitos. O livro de Carnegie Como fazer amigos e influenciar pessoas *concentrava-se na utilização de elogios para apresentar uma personalidade agradável. Esse livro se tornou especialmente popular entre os vendedores.*

Embora a mensagem de Dale Carnegie tivesse semelhanças com a dos livros de Napoleon Hill, este tinha ideias muito específicas sobre vendas. Hill criticou especialmente a ideia de usar a bajulação para influenciar as pessoas a comprar o que você vende. A confiança de Carnegie nessa premissa básica pode ter sido o que levou Hill a retomar o próprio best-seller O manuscrito original *e reescrever seus princípios do sucesso a partir do ponto de vista de um vendedor.*

Mesmo que não critique diretamente Dale Carnegie ou seu livro, há poucas dúvidas de quem ou o que Hill tinha em mente quando escreveu o seguinte:

Ser querido garante a você grandes vantagens. Uma personalidade agradável vale ouro para aqueles que a têm, mas essa personalidade não é desenvolvida por meio de palavras de adulação que nada significam. Todo advogado de primeira linha sabe que as tentativas de adular um júri sempre representam riscos para o caso. A mesma coisa vale para executivos de empresas bem-sucedidas. O progresso pessoal não pode ser construído sobre blefe ou bajulação. Meras palavras nunca substituirão um plano prático colocado em ação.

A bajulação costuma ser um truque psicológico que pessoas desonestas usam para induzir os outros a um estado de descuido enquanto elas furtam a carteira de seu bolso. O ego humano é uma peça complicada do aparelho mental, e a bajulação é um elemento ao qual o ego responde mais prontamente. Quando alguém começa a bajulá-lo, é uma indicação segura de que essa pessoa quer algum favor ou algo que você tem. A adulação é a principal ferramenta de todos os vigaristas.

Ao ler este livro, lembre-se de que ele não trata de bajulação. Não é um livro de brincadeiras e banalidades. Não é um livro sobre truques psicológicos. Mas é um livro baseado nos registros de fatos e realidades da vida organizados a partir das experiências dos líderes mais capazes que dos Estados Unidos.

Se você quer seguir pela vida vendendo com sucesso, olhe em volta, veja que serviço útil pode prestar ao maior número possível de pessoas. Seja valioso para os outros, e não vai precisar aprender o artifício da bajulação para conquistar pessoas e usar sua influência pessoal. Além disso, aqueles que você conquistar permanecerão com você.

VERDADE EM VENDAS

Pessoalmente, me ressinto sempre que tentam me bajular. E também não bajulo ninguém. Consigo resultados melhores sendo franco em minhas relações com as pessoas, pois acho que lidar com franqueza e honestidade não apenas conquista amigos, como também os conserva.

Durante a Grande Depressão da década de 1930, ficou claro para mim que ser um autor naquela época em particular não era um grande negócio. As pessoas não estavam tão interessadas nos livros quanto estavam interessadas em comer!

Como muitos, perdi todo o dinheiro e a maioria dos bens materiais. Fechei meu escritório em Nova York e me mudei para

Washington, D.C., onde planejava permanecer até que a tempestade econômica passasse.

Meses se transformaram em anos e, em vez de a Depressão passar, piorou. Finalmente, tomei a decisão de não esperar o fim da estagnação econômica, e, sim, subir no palco para dar palestras e trabalhar para voltar a prestar serviço útil para outras pessoas que também haviam sido feridas.

Decidi começar em Washington, e, para isso, precisava de publicidade em jornais. O espaço de que eu precisava custaria mais de dois mil dólares, e eu não tinha essa quantia. Estava cara a cara com uma situação que você e todas as outras pessoas na Terra enfrentam algum dia. Eu precisava de algo que teria de conseguir com meras palavras.[1]

Aqui vai uma breve descrição do que fiz e disse, exatamente, para resolver meu problema:

Procurei o diretor de publicidade do *Washington Star*, o coronel Leroy Heron. Ao abordá-lo, eu tinha duas possibilidades. Poderia elogiá-lo; poderia dizer a ele que grande jornal ele representava, que excelente desempenho tivera na Guerra Mundial, que grande publicitário eu acreditava que ele era, enfim, todo esse tipo de adulação. Ou poderia colocar as cartas na mesa e dizer o que queria, por que queria e por que acreditava que deveria conseguir.

Escolhi colocar as cartas na mesa. Então, tive que decidir se revelaria todos os fatos, inclusive minha difícil situação financeira, ou se pularia esses assuntos embaraçosos sem discuti-los claramente.

Mais uma vez, optei por confiar na franqueza. Até onde me lembro, foi isso que eu disse: "Coronel Heron, quero usar o *Washington Star* em uma campanha publicitária para anunciar uma série de palestras públicas sobre a filosofia da realização individual. O espaço de que

1. Em dólares atuais, o valor de que Hill precisava pode ultrapassar US$ 50 mil.

necessito custa aproximadamente dois mil e quinhentos dólares. Meu problema reside no fato desagradável de não ter essa quantia disponível. Eu tinha muito mais, mas a Depressão acabou com meu dinheiro".

"Meu pedido não se baseia em minha classificação de crédito. Se me baseasse nisso, eu não teria direito ao crédito. Meu apelo se baseia no fato de ter dedicado um quarto de século ao estudo dos princípios da realização individual. Durante esse tempo, tive a cooperação de homens como Andrew Carnegie, Thomas A. Edison, John Wanamaker e Cyrus H. K. Curtis. Esses homens me consideravam o suficiente para doar livremente seu tempo e experiência ao longo de muitos anos enquanto eu organizava a filosofia do sucesso. O tempo que cada um me cedeu vale muitas vezes o valor do crédito que estou pedindo a você. Graças à cooperação desses homens, estou agora preparado para levar ao mundo uma filosofia de desenvolvimento pessoal de que as pessoas precisam muito. Se você não quer me dar o crédito como um risco comercial sólido, então me dê com a mesma disposição de ser útil que esses homens demonstraram ao me dar seu tempo e experiência."

O coronel Heron me concedeu o crédito e disse: "Não sei quais são suas chances de pagar pelo espaço que deseja, mas conheço o suficiente da natureza humana para acreditar que pretende honestamente pagar pelo espaço. Também acredito que qualquer filosofia organizada a partir da obra de vida de homens como Edison e Carnegie é sólida e necessária neste momento. Além disso, acredito que qualquer pessoa a quem esses homens dedicariam seu tempo inestimável é digna de muito mais crédito do que você pede ao *Star*. Traga sua cópia e eu a publicarei. Depois falaremos com o gerente de crédito".

Você acha que eu teria ido longe se tivesse apelado ao coronel Heron usando qualquer coisa que não fosse franqueza?

Minha análise de mais de trinta mil vendedores revelou que os pontos fracos mais comuns em uma apresentação de vendas eram os seguintes:

1. Não apresentar um motivo para a compra.
2. Falta de persistência na apresentação e no fechamento de vendas.
3. Deixar de qualificar compradores em potencial.
4. Deixar de neutralizar a mente dos compradores em potencial.
5. Falta de imaginação.
6. Ausência de entusiasmo.

Qualquer um desses pontos fracos é suficiente para destruir as chances de uma venda, mas você vai perceber que "não apresentar um motivo para a compra" encabeça a lista.

VENDA E MOTIVO

Existem maneiras eficientes de fazer amigos e influenciar pessoas. Existem nove janelas e portas através das quais a mente humana pode ser acessada e influenciada. Nenhuma delas é rotulada como "adulação". As nove portas são os nove motivos básicos pelos quais todas as pessoas são influenciadas e aos quais todas as pessoas respondem. Esses nove motivos influenciam praticamente todos os pensamentos e ações, e são relacionados em ordem aproximada de importância e maior utilidade:

1. O motivo da autopreservação.
2. O motivo do ganho financeiro.
3. O motivo do amor.
4. O motivo da sexualidade.
5. O motivo do desejo de poder e fama.
6. O motivo do medo.
7. O motivo da vingança.

8. O motivo da liberdade (de corpo e mente).
9. O motivo do desejo de criar ou construir em pensamento ou material.

Se você deseja chegar ao topo da escada do sucesso e permanecer lá, é muito mais seguro usar os nove motivos como degraus de sua escada, em vez de depender da adulação.

Para comprar seus produtos ou serviços, o cliente precisa ter motivação para comprar. Estar motivado significa que o cliente tem um motivo para agir. Quando os maiores mestres em vendas qualificam os compradores em potencial, eles procuram primeiro o motivo mais lógico que podem usar para influenciar o pensamento e a decisão do comprador.

Cada movimento, cada ato e cada pensamento de cada ser humano são influenciados por um ou mais dos nove motivos básicos. Ao dominar, compreender e aplicá-los, você vai aprender como influenciar as pessoas pelo apelo autêntico aos motivos naturais, e vai reduzir a oposição e o atrito.

Lembre-se, entretanto, de que o motivo geralmente deve ser posto por você na mente do comprador em potencial. A maioria das pessoas tem pouca inclinação para construir os próprios motivos para comprar o que você está vendendo. Só uma pessoa de vontade fraca se permitirá ser convencida a comprar sem que um motivo suficientemente impulsionador tenha sido plantado em sua mente de maneira sutil, mas firme, pelo vendedor.

Vendedores espertos verificam sua apresentação de vendas em relação a esses nove motivos básicos para ter certeza de que a apresentação apela ao maior número possível de motivos. Uma apresentação de vendas é mais eficaz quando baseada em mais de um motivo. Se o seu plano de apresentação de vendas não enfatizar um ou mais dos nove motivos básicos, ele é fraco e deve ser revisado.

Nenhum mestre em vendas venderá nada a ninguém sem conhecer um motivo lógico para o comprador comprar. Métodos de alta pressão não se enquadram na categoria de mestre de vendas. As vendas feitas por alta pressão geralmente dependem de conversas rápidas e exageros para substituir os motivos de compra.

O simples fato de serem empregados métodos de alta pressão é uma evidência de que a pessoa que vende não tem motivo lógico para explicar ao comprador em potencial por que ele deve comprar. Um mestre em vendas nunca cometeria esse erro.

PLANTAR O MOTIVO CERTO

O falecido Dr. Harper, quando era presidente da Universidade de Chicago, queria construir um novo prédio no *campus*, cujo custo estimado era de US$ 1 milhão [pelo menos US$ 20 milhões hoje, provavelmente muito mais]. Depois de analisar a situação, tornou-se evidente para o Dr. Harper que ele teria de buscar o milhão de dólares em uma fonte externa.

O Dr. Harper não começou a pedir doações a pessoas ricas. Ele não fez campanha por doações. Ele decidiu levantar o valor total por meio de uma única venda. E assumiu pessoalmente a tarefa de realizar a venda.

Seu primeiro movimento foi traçar um plano de ação. O plano envolvia apenas dois doadores em potencial. De um ou de outro, ele pretendia garantir os fundos necessários. Seu plano foi concebido com genialidade e concluído com uma estratégia fascinante! Era pura dinamite. O que ele fez?

Ele escolheu como seus possíveis doadores dois milionários de Chicago que ele sabia serem inimigos ferrenhos. Um desses homens era o chefe do sistema ferroviário da Chicago Street. O outro era um político que fizera fortuna "enganando" a empresa de bondes.

Sim, sim, eu sei. Você está começando a entender o ponto antes de ele ter sido explicado. Mas continue lendo para ver e apreciar a técnica de um artista mestre em vendas.

A seleção de possíveis compradores no plano do Dr. Harper foi perfeita. Esse é um ponto em que todos, exceto os mestres em vendas, geralmente são fracos. Eles não usam o bom senso ao escolher compradores.

Depois de pensar no plano por alguns dias e ensaiar com cuidado sua apresentação de vendas, o Dr. Harper entrou em ação.

Escolhendo o meio-dia como a hora mais favorável para sua visita, apresentou-se no escritório do magnata dos bondes. Este era seu motivo para escolher esse horário em particular: ele calculou que a secretária do executivo estaria almoçando e que seu cliente em potencial estaria sozinho no escritório. E estava certo. Ao encontrar a recepção vazia, ele entrou no escritório particular. O magnata ergueu os olhos surpreso e perguntou: "Como posso ajudá-lo, senhor?".

"Com licença", respondeu o Dr. Harper, "sou o Dr. Harper, presidente da Universidade de Chicago. Não encontrei ninguém na antessala, então tomei a liberdade de entrar. Estou aqui para expor uma ideia que está em minha cabeça há algum tempo. [Aí vem o motivo. Observe como ele o planta em solo fértil.] Em primeiro lugar, quero dizer o quanto admiro o maravilhoso sistema de bondes que você deu ao povo de Chicago. [Neutralizando a mente do cliente em potencial.] Acredito que seja o melhor sistema do país. No entanto, tenho a impressão de que, embora tenha construído o que deveria ser um grande monumento para si mesmo, isso não é o tipo de coisa que as pessoas vão associar ao seu nome depois que você se for". [Observe o mestre passar agora ao motivo.]

"Tive uma ideia de um monumento que vai durar para sempre, mas encontrei uma oposição que, lamento dizer, pode atrapalhar. [Jogando a "isca" para tornar a ideia mais desejável ao cliente em potencial.] Pensei em dar a você o privilégio de construir um belo prédio de granito no *campus* da universidade, mas alguns membros do nosso conselho querem que esse privilégio seja oferecido ao Sr. X [mencionando o nome do inimigo político]. Só vim perguntar se poderia pensar em algum plano que possa me ajudar a garantir essa oportunidade para você."

"Isso é muito interessante!", disse o magnata. "Por favor, sente-se e vamos conversar sobre isso."

"Sinto muito", respondeu o Dr. Harper, "mas teremos uma reunião do conselho em uma hora e, para chegar a tempo, tenho que ir agora. Se conseguir pensar em um argumento que eu possa usar, por favor, telefone para o meu escritório. Vou receber o recado e usar sua ideia para defendê-lo diante do conselho."

Quando chegou ao escritório, o Dr. Harper descobriu que o magnata dos bondes já havia telefonado, e pedia para o Dr. Harper retornar a ligação assim que chegasse. O médico telefonou para o homem dos bondes, que pediu permissão para apresentar pessoalmente seu caso ao conselho. O Dr. Harper respondeu que isso seria desaconselhável; em vista da oposição que alguns membros do conselho expressaram em relação a ele, o doutor acreditava poder apresentar o assunto de forma mais "diplomática". (Intensificando a isca.)

Na manhã seguinte, ao chegar ao escritório, ele encontrou o magnata dos bondes à sua espera. Eles ficaram fechados na sala por meia hora, tempo durante o qual o magnata dos bondes assumiu o papel de vendedor, enquanto o Dr. Harper se tornou o "comprador" e foi "persuadido" a aceitar um cheque de um milhão de dólares e prometer que tentaria convencer o conselho a aceitá-lo!

O prédio agora fica no *campus* da universidade, uma evidência silenciosa, mas impressionante, de que a maestria em vendas nunca é acidental. O edifício leva o nome do doador.

Vamos analisar essa transação para garantir que os pontos mais sensíveis não sejam esquecidos. Em primeiro lugar, observe que nenhum método de alta pressão foi usado pelo Dr. Harper. Ele dependia inteiramente do motivo para fazer tudo funcionar a seu favor. Sem dúvida, ele passou dias planejando a abordagem e construiu seu apelo valendo-se de dois dos mais atraentes de todos os motivos:

1. O motivo do desejo de fama e poder.
2. O motivo da vingança.

O magnata dos bondes viu imediatamente que poderia perpetuar seu nome como um benfeitor público muito depois de seus restos mortais terem virado pó e seu sistema de bondes ser, talvez, suplantado por algum outro meio de transporte. Ele viu também (graças à sólida estratégia do Dr. Harper) uma oportunidade de se vingar de seu pior inimigo, privando-o do privilégio de uma grande honra.

Não é necessária muita imaginação para ver o que teria acontecido se o Dr. Harper tivesse feito sua abordagem da maneira usual. Se o Dr. Harper não tivesse entendido a psicologia do motivo e não tivesse sido um mestre em vendas, ele teria visitado o magnata, e a conversa teria sido mais ou menos assim:

"Bom dia, senhor. Eu sou o Dr. Harper, presidente da Universidade de Chicago. Vim pedir alguns minutos do seu tempo. [Pedindo favores para começar, em vez de oferecer favores; falha em neutralizar a mente do comprador em potencial.] Precisamos de um milhão de dólares para o novo prédio que pretendemos construir no *campus* da universidade, e achei que você poderia se interessar em doar essa quantia. Você é bem-sucedido. Tem um ótimo sistema de bondes nas ruas, com o qual obtém grandes lucros, possibilitados pelo patrocínio do público.

Agora, é justo que demonstre seu apreço pelo sucesso que o público lhe possibilitou retribuindo com algo pelo bem público."

Durante todo esse tempo, o magnata dos bondes estaria se remexendo na cadeira, mexendo em alguns papéis em cima da mesa e tentando pensar em alguma desculpa para recusar. Assim que o doutor hesitasse por um momento em seu discurso de vendedor, o magnata interromperia a conversa.

"Lamento muito, Dr. Harper, mas nosso orçamento para fins filantrópicos foi totalmente esgotado. Você sabe que fazemos uma doação anual generosa para o fundo do Community Chest. Não há mais nada que possamos fazer neste ano. Além disso, um milhão de dólares é uma grande soma. Tenho certeza de que nosso conselho não poderia ser persuadido a doar tanto dinheiro para instituições de caridade."

Esta palavra – *caridade*. O Dr. Harper estaria então na posição infeliz de alguém que implora por caridade. Doar para caridade não está relacionado entre os nove motivos básicos que levam as pessoas a agir. Mas tire a palavra caridade de seu ambiente humilde e dê a ela cores de privilégio, fama e honra, e ela assume um significado totalmente diferente. Somente um mestre em vendas é capaz disso.

Uma maneira é inteligente; a outra é rude. Motivo é a semente da qual crescem as grandes vendas. Uma semente deve conter o germe da vida, ou não germinará, independentemente do tipo de solo em que foi plantada. Da mesma forma, o motivo deve conter o germe da vida ou não germinará em uma venda. Quando um motivo apropriado é plantado na mente do comprador em potencial, começa a agir internamente como o fermento funciona em um pão. A pessoa que sabe como injetar o germe da vida no motivo é um mestre de vendas – um mestre porque captura a imaginação do comprador em potencial e a faz funcionar em benefício do vendedor.

Capítulo 3

Autossugestão

NOTA DO EDITOR

A abordagem de vendas de Napoleon Hill não é simplesmente um saco cheio de truques e uma coleção de argumentos de venda ou scripts a serem memorizados. Ele estava mais interessado em ensinar a psicologia da venda, e a técnica básica que fundamenta todos os princípios de sucesso de Hill é, na verdade, uma ferramenta psicológica. É o uso da autossugestão como uma forma de alterar seus hábitos e crenças para que você possa se tornar o mestre de vendas que deseja ser.

Como a autossugestão desempenha um papel significativo em cada um dos capítulos seguintes, Napoleon Hill dedicou este capítulo à teoria por trás da autossugestão e às maneiras pelas quais você pode usar a técnica. Esta primeira seção, adaptada do livro O infalível, *de W. Clement Stone, fornecerá uma compreensão clara da terminologia.*

A sugestão vem de fora. É tudo o que você vê, ouve, sente, saboreia ou cheira. Se eu digo a você "Tente fazer a coisa certa porque isso é o certo", isso é uma sugestão minha para você.

A autossugestão é intencionalmente controlada a partir de dentro. É uma sugestão que você dá a si mesmo. Você pode vê-la em sua imaginação, dizê-la para si mesmo ou escrevê-la. Cada vez que você pensa ou diz a si mesmo "Tente fazer a coisa certa porque isso é o certo", isso é autossugestão.

A autossugestão atua por si mesma, inconscientemente, como uma máquina que reage da mesma forma ao mesmo estímulo. Cada vez que seu subconsciente repete para a mente consciente "Tente fazer a coisa certa porque isso é o certo", isso é autossugestão.

Se, durante a próxima semana, todas as manhãs e todas as noites e frequentemente ao longo do dia, você repetir a frase "Tente fazer a coisa certa porque isso é o certo", quando se deparar com a tentação, esse automotivador vai passar do subconsciente para a mente consciente. Desse modo, por meio de repetição, você formará um hábito – um bom hábito – que o ajudará a transformar seu futuro em sucesso.

NOTA DO EDITOR
Em Quem vende enriquece, *Napoleon Hill discute a teoria e a prática dos dois métodos mais comuns de uso de autossugestão: afirmações positivas e visualização criativa. Ele começa explicando o uso de afirmações positivas.*

VENDER-SE PARA VOCÊ MESMO

Autossugestão é automotivação. É o princípio pelo qual você imprime em sua mente subconsciente uma ideia, um plano, um conceito ou uma crença. A repetição de sugestões positivas para o subconsciente é a maneira mais eficaz de educá-lo para transmitir apenas mensagens positivas.

Se você já notou como, sem dizer uma palavra, seu entusiasmo ou a falta dele pode influenciar outras pessoas, então sabe que, de alguma forma, seu subconsciente é como uma estação de rádio que transmite seus pensamentos e crenças (ou descrenças) para os outros. Se está ciente disso, e se você é um mestre em vendas, deve perceber que, antes de poder vender com sucesso para outra pessoa, precisa primeiro educar a mente subconsciente para transmitir sua crença no que você está vendendo.

Uma das maneiras mais eficazes de influenciar a mente subconsciente é pelo uso de afirmações positivas. Uma afirmação positiva é uma frase curta que afirma claramente a mudança que você deseja fazer em si mesmo. Se você imprimir nessa frase total fé e crença de que é capaz de mudar a si mesmo, e se repetir a frase várias vezes para si mesmo até que pensar dessa forma se torne um hábito natural, você vai realizar a mudança que deseja.

NOTA DO EDITOR

O trecho a seguir foi adaptado do material de *Quem pensa enriquece – O legado:*

A afirmação com a qual a maioria das pessoas está acostumada é "Todos os dias, em todos os sentidos, estou cada vez melhor". Ela foi criada pelo famoso psicólogo francês Emile Coué, contemporâneo de Sigmund Freud, que dirigia uma clínica para pacientes com diagnóstico de doenças psicossomáticas (indivíduos que se convencem de que estão doentes e até apresentam sintomas, mas na verdade não têm nenhuma doença).

O Dr. Coué usou técnicas de autossugestão com seus pacientes e, como parte do tratamento, desenvolveu essa frase geral e inespecífica que qualquer pessoa poderia usar. Isso daria ao subconsciente uma instrução positiva, mas aberta o suficiente para não dar ao subconsciente um problema específico com o qual lidar e não tentar dizer ao subconsciente como fazer isso. Quando Coué instruiu seus pacientes a repetir a frase de afirmação positiva "Todos os dias, em todos os sentidos, estou cada vez melhor" várias vezes ao dia, os pacientes melhoraram de maneira tão rápida e dramática, que seu método se tornou assunto dos círculos médicos e científicos. O uso da frase tornou-se praticamente um movimento na Europa na virada do século.

Afirmações podem ser uma ferramenta eficaz de autossugestão para mudar hábitos e crenças devido a certas características da mente consciente e inconsciente.

***A mente consciente**: sua mente consciente recebe informações por meio dos cinco sentidos – visão, olfato, paladar, audição e tato. A mente consciente controla o que é necessário para você pensar e operar e filtra o que não é necessário. Sua mente consciente (e o que a memória retém) é a inteligência com a qual você normalmente pensa, raciocina e planeja.*

***A mente subconsciente**: seu subconsciente tem acesso a todas as mesmas informações que a mente consciente recebe, mas não raciocina da mesma forma que a mente consciente. Aceita tudo literalmente. Não faz julgamentos de valor. Não filtra nem interpreta, simplesmente processa as informações literalmente e as armazena.*

***Hábitos e crenças**: como a mente subconsciente não distingue entre o que é real e o que é imaginado de maneira vívida, se você plantar uma ideia de forma convincente no subconsciente, ele aceitará a ideia como se fosse um fato. Se você plantou a nova ideia com força suficiente, quando seus pensamentos seguirem nessa direção, a nova ideia será o primeiro pensamento que virá à mente. Terá se tornado sua nova crença e, com o tempo, será um hábito.*

Para os leitores que podem ter dúvidas sobre o subconsciente, ou de que os pensamentos armazenados abaixo do nível da consciência podem exercer influência suficiente para afetar a atitude e o comportamento, a explicação a seguir deve ajudar a aliviar essas dúvidas.

Não há dúvida sobre a existência dos transtornos conhecidos pelos termos psicológicos **fixações, fobias** *e* **comportamentos compulsivos**. *Esses transtornos costumam ocorrer quando uma criança aprende algo de uma forma tão poderosa ou dramática, que o conhecimento fica enraizado com firmeza na mente subconsciente dela. Então, até mesmo quando ela chega à idade adulta e a mente consciente aprende a entender essa informação de um ponto de vista maduro, o subconsciente ainda retém a compreensão infantil da informação, porque a experiência de aprendizagem na infância foi muito poderosa. A informação foi tão carregada de emoção, que se sobrepõe à mente lógica e consciente do adulto.*

É fato que uma experiência traumática – cujo resultado cria uma ideia plantada com firmeza – pode influenciar a maneira como uma pessoa pensa e age. Portanto, ao usar de forma intencional todos os seus esforços para plantar uma ideia com firmeza no subconsciente, você cria o que equivaleria a uma "boa" experiência traumática que vai influenciar positivamente sua maneira de pensar e agir.

Se fizer tudo que estiver ao seu alcance para plantar com força, firmeza e completa fé e convicção a ideia de que terá sucesso e realizará seu desejo, o subconsciente aceitará e armazenará essa ideia. Se você plantou a ideia com força suficiente para que ela seja a ideia dominante em seu subconsciente, ela influenciará todas as outras ideias e informações aí armazenadas.

O subconsciente não julga se é verdadeiro ou falso, positivo ou negativo, mas responde ao poder do estímulo (quanto o pensamento é carregado de emoção).

O trecho a seguir é resumido de *Quem vende enriquece.*

USE EMOÇÕES POSITIVAS PARA VENDER OUTRAS

O raciocínio frio não tem nenhuma influência sobre a mente subconsciente. Este responde apenas aos impulsos de pensamento que foram carregados de emoção ou misturados com sentimentos fortes.

O mundo é controlado por emoções. A maioria de nossas atividades, desde o nascimento até a morte, é induzida por sentimentos. O vendedor que pode apelar às emoções ou aos sentimentos do comprador faz dez vendas para cada uma feita pelo vendedor que apela apenas ao motivo do comprador. Os compradores geralmente compram por algum motivo intimamente associado às suas emoções.

AS SETE PRINCIPAIS EMOÇÕES POSITIVAS

1. As emoções relacionadas ao sexo.
2. A emoção do amor.
3. A emoção da esperança.
4. A emoção da fé.
5. A emoção do entusiasmo.
6. A emoção do otimismo.
7. A emoção da lealdade.

Você deve misturar uma ou mais dessas emoções positivas com as sugestões que plantou em sua mente subconsciente, se quiser transmitir pensamentos e sentimentos que influenciem o comprador em potencial a seu favor.

EVITAR EMOÇÕES NEGATIVAS

Como você deve lembrar, foi estabelecido que o subconsciente é influenciado quando as ideias são fortemente carregadas de emoção, mas ele não faz distinção entre emoções positivas ou negativas. A mente subconsciente responde à intensidade da emoção, não ao tipo de emoção. Seu subconsciente é influenciado tanto pelas negativas quanto pelas positivas.

AS SETE PRINCIPAIS EMOÇÕES NEGATIVAS

1. A emoção da raiva (rápida e transitória).
2. A emoção do medo (proeminente e fácil de discernir).
3. A emoção da ganância (sutil e persistente).
4. A emoção do ciúme (impulsiva e espasmódica).
5. A emoção de vingança (sutil e silenciosa).
6. A emoção de ódio (sutil e persistente).
7. A emoção da superstição (sutil e lenta).

A presença desses impulsos emocionais negativos na mente quase sempre supera a das emoções positivas. Qualquer sugestão positiva que você tentar plantar na mente subconsciente enquanto uma ou mais dessas emoções negativas estiverem presentes será colorida pelo negativo. Quando a mente subconsciente transmite essas sugestões confusas, registra um resultado negativo na mente de quem capta a vibração.

NOTA DO EDITOR

Adaptado de Quem pensa enriquece – O legado*:*

A preocupação de Napoleon Hill com a suscetibilidade da mente subconsciente a pensamentos, emoções e comentários negativos é bem conhecida pelos profissionais que trabalham com essas técnicas. Na hipnoterapia clínica, existe um axioma conhecido como lei do efeito reverso, que estabelece que, sempre que há um conflito entre imaginação e força de vontade, a imaginação vence. Quando você tenta plantar uma ideia, se o subconsciente já abriga um negativo, tentar forçar a nova ideia provoca o efeito inverso, porque o subconsciente fica obcecado em defender sua ideia negativa estabelecida. E quanto mais você "tenta" fazer algo, mais o subconsciente resiste e mais difícil fica.

Até o uso da palavra "tentar" é desaconselhado, porque sugere ao subconsciente um fracasso preconcebido. O conceito de "tentar" implica um esforço contínuo. Você não quer tentar; você quer ter sucesso. Se você pedir ajuda ao subconsciente para "tentar", ele pode fazer exatamente isso. Pode ajudá-lo a tentar, mas o impedirá de ter sucesso – porque, se você tiver sucesso, ele não vai mais poder mais ajudá-lo a "tentar", que é o que você pediu.

Essa advertência sobre o uso da palavra "tentar" é só um exemplo do cuidado que se deve tomar ao formular afirmações e usar a autossugestão.

A seguir, algumas regras básicas sobre cuja importância a maioria dos especialistas modernos concorda quando se criam afirmações.

1. Afirmações devem ser apresentadas sempre como positivas. Afirme o que você quer, não o que você não quer.

2. As afirmações funcionam melhor quando são curtas e muito claras sobre um único objetivo desejado. Dedique um tempo a escrever, reescrever e refinar sua afirmação até que ela expresse seu desejo em declaração breve de palavras precisas e bem escolhidas.

3. Afirmações devem ser específicas sobre o objetivo desejado, mas não sobre como alcançá-lo. O subconsciente sabe melhor que você o que pode e como pode fazer.

4. Não faça exigências exageradas em relação ao tempo. O subconsciente não pode fazer nada acontecer "de repente" ou "agora".

5. Só dizer as palavras tem pouco efeito. Quando você afirma seu desejo, deve fazê-lo com tanta fé e convicção que seu subconsciente se convença de como isso é importante para você. Ao afirmar seu desejo para si mesmo, visualize-o mentalmente tão grande quanto um outdoor. Torne-o grande, poderoso e memorável.

6. A repetição de sua afirmação carregada de emoção é crucial. Nesse momento, pensar de determinada maneira é seu hábito. Repetindo sua afirmação com frequência, todos os dias, sua nova maneira de pensar começará a ser a resposta automática. Continue reforçando até que se torne uma segunda natureza para você, e pensar de uma nova maneira – a maneira como você deseja pensar – terá se tornado seu hábito.

Se você se comprometer seriamente a fazer isso, vai mudar sua maneira de pensar e agir. Depois que der ao subconsciente uma direção específica que ele não tinha antes, ele vai começar a juntar fragmentos de informação, e você vai se descobrir com mais e melhores planos e ideias para alcançar seu objetivo.

O subconsciente fará tudo que puder para transmutar seu desejo em realidade, e, por causa do entusiasmo que irradia de você, outras pessoas farão o que puderem para ajudá-lo a ter sucesso.

O trecho a seguir resume o material adaptado de *Quem vence enriquece.*

NEM SEQUER TENHA PENSAMENTOS NEGATIVOS

Sentimentos, crenças e pensamentos liberados pelo vendedor, por meio de sua mente subconsciente, geralmente falam mais alto que palavras. Se você entender esse princípio, saberá por que deve se vender antes de tentar vender aos outros. Isso também explica por que o vendedor de mente negativa ouve "não" com tanta frequência.

A política e os políticos impõem pouco respeito hoje. Analise o tipo de técnica de vendas usado por eles e vai entender facilmente por que eles perderam a confiança de seus "compradores". Toda campanha veicula anúncios negativos atacando o oponente, em vez de eles se venderem aos eleitores por méritos próprios.

Nenhuma empresa bem administrada permitiria que seus profissionais de vendas procurassem clientes atacando a concorrência. Os gerentes de vendas sabem que as vendas feitas por intermédio de menosprezo à concorrência ou mercadoria competitiva não são realmente vendas, e que os negócios fechados desse jeito se tornam um risco em longo prazo.

Declarações explícitas de natureza negativa equivalem a suicídio em vendas. Afirmações negativas em vendas não só geram ressentimento na mente do comprador em potencial, como também infectam a própria mente subconsciente do vendedor, que projeta vibrações negativas que são captadas por outras pessoas e servem de base para ação, em detrimento do vendedor.

Deboche, sarcasmo e insinuações podem dar a um vendedor a reputação de ser rápido com as piadinhas, mas esse tipo de negativismo não o ajudará a vender produtos.

O mestre em vendas não fala palavras negativas nem permite que a mente subconsciente transmita pensamentos negativos. Semelhante atrai semelhante. Sugestões negativas atraem ações e decisões negativas de compradores em potencial.

Lembre-se de que as pessoas são motivadas a comprar ou não comprar por meio de seus sentimentos. Boa parte do que elas pensam ser seus sentimentos consiste em impulsos de pensamento que, inconscientemente, elas captaram nas mensagens enviadas pelo vendedor.

NOTA DO EDITOR

O uso da autossugestão para aumentar a confiança no produto ou serviço que você está vendendo pode ser uma ferramenta de venda muito valiosa, mas ainda mais valiosa é a maneira como a autossugestão pode ser usada para mudar seus hábitos.

Nesse contexto, os hábitos a que Napoleon Hill se refere não são hábitos como fumar, comer demais ou ter má postura. Aqui Hill está lidando com aspectos de seu caráter e personalidade que se tornaram hábitos, como autoconfiança, entusiasmo, iniciativa e persistência. Quando você muda esses hábitos, faz mudanças profundas que terão grande influência em tudo o que você fizer e na medida do sucesso que terá.

COMO FORMAR HÁBITOS

O trecho a seguir é adaptado de *O manuscrito original*, Volume III, Lição 12

Existe uma estreita relação entre hábito e autossugestão. Pelo hábito, um ato realizado repetidamente da mesma maneira tende a se tornar permanente, e, com o tempo, passamos a realizar o ato de forma automática ou inconsciente. Ao tocar piano, por exemplo, o artista pode tocar uma música familiar enquanto a mente consciente está focada em algum outro assunto.

Formamos hábitos com base no grau de reforço que recebemos. Os hábitos não fazem julgamentos morais; eles podem ser bons ou ruins. Ambos são formados por repetição. Se tentamos algo e gostamos dos resultados, repetimos a ação.

Você pode substituir pensamentos negativos por positivos, pode substituir a inação por ação e pode criar qualquer hábito que escolher.

Seus pensamentos são a única coisa na vida que você pode controlar completamente – se decidir. Você pode controlar os pensamentos para controlar os hábitos.

Autossugestão é a ferramenta com a qual abrimos um caminho mental, concentração é a mão que segura essa ferramenta, e hábito é o mapa ou a planta que o caminho mental segue. Uma ideia ou desejo, para ser transformado em ação ou realidade física, deve ser mantido na mente consciente de forma fiel e persistente até que o hábito comece a lhe dar forma permanente.

Veja a seguir as regras pelas quais você pode formar os hábitos que deseja:

1. No início da formação de um novo hábito, coloque força e entusiasmo na expressão daquilo que você quer se tornar. Sinta o que você pensa. Lembre-se de que está dando os primeiros passos para traçar seus novos caminhos mentais, e o começo é muito mais difícil que depois. No início, deixe cada caminho o mais claro e marcado possível, para poder vê-lo prontamente na próxima vez que quiser segui-lo.
2. Mantenha sua atenção firmemente concentrada na construção de novos caminhos e esqueça tudo sobre os antigos caminhos. Preocupe-se apenas com os novos que está construindo sob encomenda.
3. Percorra seus caminhos recém-construídos com a maior frequência possível. Crie oportunidades para isso, sem esperar que surjam por sorte ou acaso. Quanto mais você percorrer os novos caminhos, mais cedo eles ficarão marcados e fáceis de percorrer.
4. Resista à tentação de viajar pelos caminhos antigos e mais fáceis que usava no passado. Cada vez que você resiste a uma tentação, mais forte se torna e mais fácil será resistir na pró-

xima vez. Mas cada vez que você cede à tentação, mais fácil se torna ceder novamente e mais difícil é resistir da próxima vez. Este é o momento crítico. Prove sua determinação, persistência e força de vontade agora, desde o início.

5. Tenha certeza de que traçou o caminho certo como seu objetivo ou meta, depois vá em frente sem medo e sem se permitir duvidar. Selecione o objetivo e crie caminhos mentais bons, profundos e amplos que conduzam diretamente a ele.

NOTA DO EDITOR

Isso explica de maneira geral o que fazer para criar novos hábitos. A seguir, explicamos especificamente como criá-los usando o segundo método de autossugestão. Napoleon Hill se refere a esse método como concentração, mas hoje é mais comumente chamado de visualização criativa, e essa é a técnica de autossugestão amplamente ensinada por especialistas motivacionais contemporâneos. A visualização criativa também é usada por alguns dos mais bem-sucedidos treinadores de atletas olímpicos e equipes esportivas profissionais, é usada pela NASA no treinamento de astronautas, e médicos a utilizam de várias maneiras, inclusive ensinando aos pacientes que precisam reforçar o sistema imunológico.

Praticamente todos os jornais, revistas e programas jornalísticos da televisão apresentam regularmente histórias sobre o papel crucial que a mente desempenha no crescimento e na realização pessoal. Técnicas baseadas em autossugestão deram origem a inúmeros livros best-sellers, audiolivros e video programs e na internet existem mais de dois milhões de links mencionando técnicas de visualização. Todas as semanas, milhares de pessoas participam de seminários, palestras e retiros para serem inspiradas por palestrantes motivacionais ou líderes espirituais e aprender técnicas que as ajudarão a alcançar o sucesso – quase tudo baseado nos princípios sobre os quais Napoleon Hill escreve neste livro.

O trecho a seguir é de adaptações de material de *Quem pensa enriquece – O legado* e *Quem vende enriquece*.

CONCENTRAÇÃO É VISUALIZAÇÃO

A concentração, como é usada neste livro, é definida como "o hábito de plantar na mente uma meta, um propósito ou objetivo definido e visualizar esse objetivo até que os meios e métodos para sua realização tenham sido criados". A concentração é o princípio pelo qual você pode construir seus hábitos sob medida.

Os hábitos são formados passo a passo por meio de todos os nossos pensamentos e ações. Ou você controla seus hábitos, ou seus hábitos o controlarão. Se quiser ter sucesso, você precisa se obrigar a construir apenas o tipo de hábito pelo qual se dispõe a ser controlado. "Primeiro fazemos nossos hábitos, depois nossos hábitos nos fazem."

O princípio do hábito e o princípio da concentração andam de mãos dadas. O hábito pode crescer com a concentração, e a concentração pode crescer com o hábito. O propósito de se concentrar em um objetivo definido é treinar a mente até que ela crie o hábito de se concentrar nesse objetivo. Quando focar no objetivo se torna um hábito, o subconsciente é constantemente influenciado a pegar o conceito desse objetivo e traduzi-lo em sua contraparte física. E o subconsciente vai tentar fazer isso pelos métodos mais práticos e diretos disponíveis.

A concentração na arte de vender significa plantar em sua mente consciente uma ideia, um plano, um propósito ou um objetivo principal definido e manter nele o foco contínuo da mente consciente. É a capacidade de controlar sua atenção e direcioná-la para determinado problema até resolvê-lo. É a capacidade de livrar-se dos efeitos dos hábitos que deseja descartar e o poder de construir novos hábitos. É autodomínio completo.

Concentração é a habilidade de pensar como você quer, a habilidade de controlar os pensamentos e direcioná-los para um fim definido, e a habilidade de organizar o conhecimento em um plano de ação que seja sólido e viável.

O princípio da concentração é a maneira pela qual se supera a procrastinação. É a base sobre a qual tanto a autoconfiança quanto o autocontrole são construídos.

Ambição e desejo são os principais fatores que contribuem para a concentração bem-sucedida. Se o seu objetivo ou desejo estiver dentro dos limites do razoável e for forte o suficiente, a chave mágica da concentração o ajudará a alcançá-lo.

Nada jamais foi criado por um ser humano que não tenha sido criado antes na imaginação, por meio do desejo, e depois transformado em realidade por meio da concentração.

NOTA DO EDITOR

[Adaptado de Quem pensa enriquece – O legado*]*

É um axioma da teoria contemporânea da motivação que a mente subconsciente não pode distinguir entre o que é real e o que é vividamente imaginado. Um dos estudos mais citados apoiando esse conceito foi feito com um grupo de jogadores de basquete. Os jogadores foram divididos em três equipes, e os membros de cada equipe foram testados em sua capacidade de fazer lances livres. As equipes foram então separadas por um tempo, e cada equipe recebeu instruções para melhorar suas habilidades. Uma equipe foi instruída a treinar o arremesso à cesta diariamente. A segunda equipe foi orientada a não treinar durante o período, nem mesmo pensar em basquete. A terceira equipe também foi instruída a não treinar durante esse período, mas passar o tempo do treino diário visualizando em detalhes o processo de arremesso à cesta.

No final do experimento, as equipes foram testadas novamente. A equipe que descansou mostrou uma diminuição na habilidade. A equipe que treinou mostrou um aumento acentuado na habilidade. E a equipe que não treinou mas visualizou que treinava arremessos mostrou um aumento de habilidade quase igual ao daqueles que praticavam diariamente.

Como diz Hill, você pode "enganar" o subconsciente por meio da autossugestão. Se você plantar uma ideia de forma convincente no subconsciente, ele aceitará e trabalhará com a ideia como se ela fosse um fato. Os pensamentos permanecem armazenados no subconsciente. Eles permanecem exatamente como eram quando foram recebidos, e, quanto mais carregados de emoção são os pensamentos ao serem recebidos, mais influência eles exercem sobre a atitude e o comportamento. É esse aspecto do subconsciente que permite que você use a autossugestão como uma ferramenta para inserir os pensamentos positivos que o ajudarão a alcançar o sucesso que deseja.

INSTRUÇÕES PARA USAR A CONCENTRAÇÃO

[Compilado de materiais extraídos e adaptados de Quem vende enriquece e O manuscrito original, *Volume III, Lição Doze.]*

1. Domine e aplique os princípios da autossugestão dando ordens à mente subconsciente, misturando seus pensamentos com uma ou mais emoções positivas e repetindo suas ordens indefinidamente.
2. Esvazie a mente consciente de todos os outros pensamentos. Depois de um pouco de prática, você será capaz de concentrar a

mente inteiramente em qualquer assunto de sua preferência. O ato de focar um assunto e manter a mente nele é concentração.

3. Mantenha os pensamentos no objeto de sua concentração com um desejo ardente de alcançar qualquer objetivo que você tenha em mente. Ao se concentrar em seu objetivo principal definido, você deve ter total fé de que vai realizar esse objetivo.
4. Quando perceber que a mente consciente está vagando, leve-a de volta e concentre-se nesse assunto repetidas vezes, até desenvolver um autocontrole tão perfeito que possa manter todos os outros pensamentos fora da mente. Misture emoção aos pensamentos ao se concentrar; caso contrário, eles não vão penetrar no subconsciente.
5. O princípio da concentração é mais bem praticado quando você está em um ambiente silencioso, onde não há distrações ou perturbações.
6. É mais fácil acessar e influenciar o subconsciente quando você foca a mente consciente em uma ideia, um plano ou um propósito com uma disposição de intenso entusiasmo. O entusiasmo despertará sua imaginação criativa e a colocará em ação.

Agora, vamos voltar ao ponto de partida. Se quiser, você pode se livrar de quaisquer influências ruins do seu passado e construir a própria vida do jeito que deseja. Você se tornará o que deseja graças aos pensamentos dominantes que permite que ocupem sua mente.

Como a semente original de uma ideia, plano, propósito ou objetivo de vendas pode ser plantada na mente? A resposta: qualquer ideia, plano, propósito ou objetivo pode ser colocado na mente por meio da repetição de visualizações de seu desejo. É por isso que você é instruído a escrever uma declaração de seu desejo, propósito, meta ou objetivo de vendas, memorizá-la e repeti-la em voz alta, dia após dia, até que essas vibrações sonoras tenham alcançado o subconsciente.

1. Para iniciar o processo de visualização criativa, escreva uma declaração clara e concisa da quantidade de dinheiro que você pretende adquirir. Fixe em sua mente a quantidade exata que deseja. Não é suficiente simplesmente dizer: "Quero muito dinheiro". Seja preciso quanto ao valor. (Existe uma razão psicológica para essa definição.)
2. Determine exatamente o que pretende dar em troca do dinheiro que deseja. (Não existe a realidade de obter "algo em troca de nada".)
3. Estabeleça uma data definida em que pretende ter o dinheiro que deseja.
4. Crie um plano definido para realizar seu desejo e comece imediatamente a colocar esse plano em ação, esteja você pronto ou não. Por exemplo, suponha que, como meta geral de vendas, você pretenda acumular US$ 50 mil até o dia 1º de janeiro, daqui a cinco anos, e que pretenda oferecer seus serviços pessoais como vendedor em troca desse dinheiro. A declaração escrita de seu propósito deve ser mais ou menos assim:

No primeiro dia de janeiro de ______ [inserir o ano], terei em meu poder US$ 50 mil, que chegarão a mim em quantias variadas de tempos em tempos durante esse período. Em troca desse dinheiro, prestarei o serviço mais eficiente de que sou capaz. Prestarei a maior quantidade possível e a melhor qualidade possível de serviço como um vendedor de ______________________ [descreva o serviço ou mercadoria que você pretende vender].

Acredito que terei esse dinheiro em meu poder. Minha fé é tão grande, que agora posso ver esse dinheiro diante dos meus olhos. Posso tocá-lo com minhas mãos. Ele agora espera ser transferido para mim no momento e na proporção em que presto o serviço por ele. Estou aguardando um plano para receber esse dinheiro e o seguirei quando ele for recebido.

Assinado: ______________________

Leia essa declaração em voz alta pelo menos duas vezes ao dia. Vá para um local tranquilo onde não seja incomodado ou interrompido. Feche os olhos e repita em voz alta (para poder ouvir as próprias palavras) a declaração escrita da quantidade de dinheiro que pretende acumular. Leia uma vez à noite, antes de dormir, e uma vez de manhã, ao acordar. Ao ler, veja, sinta e acredite que já está de posse do dinheiro.

Quando se concentrar em seu objetivo ou desejo, visualize-se como você será; olhe um, três, cinco ou mesmo dez anos adiante. Veja, em sua imaginação, você mesmo de posse do dinheiro que deseja receber. Veja-se na casa que comprou com o produto de seus esforços como o vendedor que deseja ser. Veja-se com uma boa conta bancária para sua aposentadoria. Veja-se como uma pessoa influente, devido à sua grande capacidade de se vender. Veja-se envolvido com uma vocação de vida na qual não terá medo de perder sua posição.

Pinte essa imagem com clareza, com os poderes de sua imaginação, e ela logo se transformará na imagem de um desejo profundamente arraigado.

Quando começar a "fixar na mente a quantia exata de dinheiro que deseja", feche os olhos e mantenha os pensamentos nessa quantia até poder realmente ver sua aparência física. Faça isso pelo menos uma vez por dia.

Você pode pensar que é impossível "se ver de posse do dinheiro" antes de realmente tê-lo. É aqui que um desejo ardente virá em seu auxílio. Se você realmente deseja com tanta intensidade que o desejo é uma obsessão, não terá dificuldade para se convencer de que o alcançará.

Convença-se de que deve ter a quantidade de dinheiro que está visualizando. Faça seu subconsciente acreditar que esse dinheiro já está aguardando sua reivindicação, e que a mente subconsciente deve entregar a você planos práticos para adquirir o dinheiro que é seu.

Ao visualizar o dinheiro que pretende acumular, veja a si mesmo prestando o serviço ou entregando a mercadoria que pretende dar em troca desse dinheiro.

Na quarta etapa você foi instruído a "criar um plano definido para realizar seu desejo e começar imediatamente a colocar esse plano em ação". Não confie na "razão" ao criar seu plano para acumular dinheiro. Comece agora mesmo a se ver de posse do dinheiro, exigindo e esperando que o subconsciente entregue os planos de que você precisa. Quando os planos aparecerem, eles provavelmente "surgirão" em sua mente na forma de inspiração ou intuição.

Não desanime se não conseguir controlar e direcionar as emoções na primeira tentativa. Lembre-se de que não existe a possibilidade de obter algo em troca de nada. Você não pode trapacear, mesmo que queira. O preço da capacidade de influenciar o subconsciente é a persistência na aplicação dos princípios aqui descritos. Você, e somente você, deve decidir se a recompensa (a consciência do dinheiro) vale ou não o preço que tem de pagar por ela em esforço.

Sua capacidade de usar a técnica de autossugestão da visualização criativa dependerá, em grande parte, da capacidade de se concentrar e visualizar claramente determinado desejo até que esse desejo se torne uma obsessão ardente.

NOTA DO EDITOR

Usar a visualização com eficácia é muito mais do que simplesmente sonhar acordado. Como os leitores podem achar que têm dificuldade para produzir o tipo de imagem vívida necessária para produzir resultados, os editores oferecem a seguinte lista de livros que são particularmente úteis no desenvolvimento da técnica de criação de imagens mentais poderosas. A maioria também está disponível em áudio: Visualization: Directing the Movies of Your Mind, *de Adelaide Bry;* Visualização criativa, *por Shakti Gawain;* Psycho-Cybernetics, *do Dr. Maxwell Maltz;* The Initiation, *de Donald Schnell, que inclui uma descrição da técnica de visualização em forma de história espiritual; e a coleção de audiolivros com o treinador do Silva Method, Hans DeJong, que inclui um método incomum de aquietar a mente usando um tom projetado para colocar a mente em estado alfa.*

INTELIGÊNCIA INFINITA

[A seção final deste capítulo foi adaptada de O manuscrito original, *Volume III, Lição Onze, com material adicional de* Quem vende enriquece.*]*

A câmera é uma alegoria perfeita para o processo de visualização criativa. Primeiro vem a seleção do objeto a ser exposto diante da câmera. Isso representa sua meta principal, ou seu objetivo, ou o aspecto de seu caráter que você deseja mudar. Em seguida vem a operação real de registrar esse propósito, através das lentes da autossugestão, na mente subconsciente.

Sua parte nisso é clara. Você seleciona a imagem a ser gravada (seu objetivo principal definido, seu desejo, sua definição de objetivo). Em seguida, concentra a mente consciente nesse objetivo ou propósito com tal intensidade, que se comunica com a mente subconsciente, por autossugestão, e registra a imagem. Você, então, começa a observar e esperar manifestações de realização física do objeto dessa imagem.

Qualquer ideia, plano, propósito ou objetivo definido que você submete de maneira persistente ao subconsciente por meio de concentração traz para ajudá-lo uma força inexplicável e intangível que chamei de inteligência infinita. Por meio da inteligência infinita, novas ideias e planos começarão a surgir em sua mente.

NOTA DO EDITOR

Napoleon Hill usa o termo ***inteligência infinita*** *para identificar a parte da mente humana e do processo de pensamento que produz palpites, intuições e previsão. A inteligência infinita também descreve o processo de pensamento que pega fragmentos de informações e ideias que a mente consciente filtrou ou esqueceu e os conecta uns aos outros em um nível subconsciente para criar uma nova ideia, que chega como um salto da lógica ou um lampejo de inspiração.*

Quando você começar a treinar a concentração, não espere que a inteligência infinita se manifeste rapidamente a seu favor. Você não andou na primeira vez que tentou, mas, com o passar do tempo, andar tornou-se um hábito, e você anda sem esforço. À medida que você se torna mais habilidoso no uso do princípio da autossugestão e à medida que sua fé e compreensão aumentam, você verá que o que visualizou começa a ser traduzido em realidade física.

Tenha em mente que você não vai para a cama e dorme com a expectativa de acordar e descobrir que a inteligência infinita jogou no seu colo o objeto de seu desejo ou objetivo. Você tem que trabalhar para que isso aconteça – com absoluta fé e confiança de que os métodos e meios naturais para atingir seu objetivo definido se abrirão para você no momento apropriado e de maneira adequada.

A inteligência infinita não manda o banco colocar dinheiro na sua conta só porque você fez essa sugestão ao seu subconsciente. Mas a inteligência infinita abre a maneira pela qual você pode ganhar ou pedir emprestado esse dinheiro e colocá-lo em sua conta. Resumindo, não confie em milagres para a obtenção do objeto de sua visualização. No entanto, você pode contar com o poder da inteligência infinita para ajudar a orientá-lo por vias naturais para a sua obtenção.

Tenho plena consciência de que o iniciante não vai acreditar em muito do que estou propondo. Lembro-me de minhas experiências no início. O ceticismo em relação a todas as novas ideias é próprio de todos os seres humanos. Se você seguir as instruções, seu ceticismo logo será substituído pela crença. E a crença se cristalizará em fé absoluta em sua capacidade.

Capítulo 4

Um objetivo principal definido

Cada pessoa de sucesso segue cinco passos fundamentais para o sucesso. Alguns os seguem inconscientemente ou por acidente, enquanto outros os seguem com um objetivo definido e intencionalmente. Se você está lendo este livro, já está no caminho para seguir o programa intencionalmente. Os cinco passos fundamentais que devem ser dados por todos que têm sucesso são:

1. Escolha de um objetivo definido a ser alcançado.
2. Desenvolvimento de energia suficiente para atingir seu objetivo.
3. Aperfeiçoamento de um plano prático para atingir seu objetivo.
4. Acúmulo de conhecimento especializado necessário para a realização do seu objetivo.
5. Persistência na execução do plano.

NOTA DO EDITOR

Quando Napoleon Hill escreveu a edição original de O manuscrito original, *o primeiro de seus dezessete princípios de sucesso foi intitulado "Um objetivo principal definido." Quando ele escreveu* Quem pensa enriquece - Edição oficial e original de

1937, *ele o rebatizou de "Desejo". Em outras obras, ele o chamou de "Definição de ojetivo". Esses três nomes diferentes descrevem um conceito que abrange o que a maioria dos escritores motivacionais contemporâneos chama de definição de objetivos.*

Como é usada hoje, a definição de objetivos costuma se referir a metas de vendas individuais, e muitas vezes é considerada um desdobramento do gerenciamento do tempo. No entanto, como Napoleon Hill o imaginou, o conceito não se aplica apenas ao estabelecimento de metas individuais projeto a projeto, mas também abrange o comprometimento com metas de vida mais amplas. Como Hill o utiliza, seu desejo ou objetivo principal definido pode ser tão grande quanto lançar uma campanha de marketing nacional, tão abrangente quanto decidir sobre sua futura profissão, ou pode ser tão pequeno quanto convencer outra pessoa de sua ideia ou opinião. As técnicas ensinadas no capítulo sobre autossugestão se aplicam igualmente ao grande ou ao pequeno.

A explicação a seguir foi adaptada do livro Believe and Achieve, *da Napoleon Hill Foundation.*

Seu desejo, objetivo principal ou definição de objetivo é mais do que o estabelecimento de metas. Em termos mais simples, seu desejo ou objetivo é o seu roteiro para alcançar um objetivo geral de carreira. Os objetivos individuais que representam etapas específicas ao longo do caminho também são desejos ou objetivos.

Ter um desejo ou uma definição de objetivo para sua vida tem um efeito sinérgico na capacidade de atingir seus objetivos. À medida que você se torna melhor no que faz, dedica todos os seus recursos para alcançar o objetivo, fica mais alerta para as oportunidades e toma decisões mais rapidamente. Cada atitude que toma, em última análise, se resume à pergunta: essa meta vai me ajudar a alcançar meu desejo, meu objetivo geral, ou não?

Seu objetivo se tornará sua vida; vai permear sua mente, tanto consciente quanto subconsciente. Seu objetivo principal definido deve se tornar seu *hobby*. Você deve cavalgar esse *hobby* continuamente. Deve dormir com ele, comer com ele, brincar com ele, trabalhar com ele, viver com ele e pensar com ele.

O que você quiser, pode obter – se quiser com intensidade suficiente e continuar querendo, desde que o objeto desejado esteja dentro do razoável e você realmente acredite que o alcançará. Há uma diferença, entretanto, entre meramente desejar algo e realmente acreditar que vai conseguir. A falta de compreensão dessa diferença significou o fracasso para milhões de pessoas.

AS VANTAGENS DE UM OBJETIVO DEFINIDO

Trabalhar com definição de objetivo em direção a um único objetivo tem muitas vantagens, entre elas as seguintes:

1. A unicidade de propósito obriga-o a se especializar, e a especialização leva à perfeição.
2. Um objetivo definido permite que você desenvolva a capacidade de tomar decisões com rapidez e firmeza.
3. A definição de objetivo permite que você domine o hábito da procrastinação.
4. A definição de objetivo economiza o tempo e a energia que você desperdiçaria hesitando entre duas ou mais atitudes possíveis.
5. Um objetivo definido serve como um roteiro que traça a rota direta até o final de sua jornada.
6. A definição de objetivo fixa seus hábitos de modo que sejam assimilados pela mente subconsciente e usados (involuntariamente) como uma força motivadora na direção de seu objetivo.

7. Definição de objetivo desenvolve autoconfiança e atrai a confiança de outras pessoas.

Trabalhar lhe renderá um salário diário. O trabalho tem um preço fixo, que é determinado pela lei da oferta e da demanda.

Inteligência, quando comercializada com um objetivo definido, não tem preço fixo. O céu é o limite na comercialização de talento especializado.

Essas são afirmações óbvias, de fato, mas 98 em cada cem pessoas falham ao longo da vida porque não seguem o princípio de trabalhar com clareza de objetivo.

Quem sabe para onde está indo geralmente chega lá. Essas pessoas não perdem tempo e energia tentando realizar muitos objetivos de uma vez, nem saltam de um desejo para outro, abandonando rapidamente qualquer coisa que não traga satisfação imediata. Elas concentram esforços em um objetivo definido, exercendo todos os poderes para atingir esse fim. Quando conseguem, redefinem seus objetivos e passam para outro desejo ou objetivo. No entanto, se, depois de se esforçar seriamente, ficar claro que seu desejo não pode ser realizado, você muda seu desejo ou objetivo e coloca todo o foco e a energia nisso.

FAÇA O QUE VOCÊ AMA

[A seção a seguir é adaptada de material extraído de O manuscrito original, *Volume I, Lição Dois.]*

Em sua busca pelo trabalho para o qual você é mais adequado, tenha em mente que, provavelmente, terá maior sucesso ao descobrir de que trabalho você mais gosta. É fato que as pessoas mais bem-sucedidas são aquelas que encontraram um trabalho ao qual podem dedicar todo o seu coração e alma. Pesquise até descobrir qual será sua linha particular de esforço, torne-a seu objetivo principal definido e, então, organize todas as suas forças e dedique-se a ela com a crença de que vai vencer.

Quando você escolhe um objetivo definido e decide que o alcançará, desde o momento em que faz a escolha, esse objetivo se torna o pensamento dominante em sua consciência. A partir do momento em que você planta um objetivo definido na mente, ela começa, tanto consciente quanto inconscientemente, a reunir e armazenar o material com o qual você deve alcançar esse objetivo. Você fica constantemente alerta para os fatos, informações e conhecimentos necessários para atingir esse objetivo.

O desejo é o fator que determina qual será seu objetivo definido na vida. Ninguém pode selecionar seu desejo dominante por você, mas, assim que você mesmo o escolhe, ele se torna seu objetivo principal definitivo e atrai os holofotes de sua mente até ser transformado em realidade, a menos que você permita que ela seja desviada por desejos conflitantes.

A ciência estabeleceu que, por meio do princípio da autossugestão, qualquer desejo profundamente enraizado satura todo o corpo e a mente com a natureza desse desejo. Em seguida, transforma a mente em um poderoso ímã que atrai o objeto do desejo, se ele estiver dentro do razoável.

Como eu disse no capítulo sobre autossugestão, simplesmente desejar um automóvel não vai fazer o automóvel chegar. Mas, se houver um desejo ardente por um automóvel, esse desejo levará à ação apropriada por meio da qual um automóvel pode ser comprado.

O AMBIENTE INFLUENCIA SEUS HÁBITOS

A mente subconsciente pode ser comparada a um ímã; quando é encarregada de qualquer objetivo definido, tem uma tendência determinada a atrair tudo que é necessário para o cumprimento desse objetivo. Semelhante atrai semelhante, e você pode ver evidências dessa lei em cada folha de grama e cada árvore em crescimento. A bolota atrai do solo e do ar os materiais necessários para crescer e se tornar carvalho. Nunca cresce uma árvore que seja parte carvalho e parte álamo.

Cada grão de trigo plantado no solo atrai os materiais com os quais faz crescer um caule de trigo. O grão nunca se engana e mistura aveia e trigo no mesmo caule.

As pessoas também estão sujeitas à mesma lei da atração. Vá a qualquer região de hospedagem barata em qualquer cidade e lá você encontrará certo tipo de pessoa. Entre em qualquer comunidade próspera e lá você encontrará outros tipos de pessoas. Aqueles que têm sucesso procuram a companhia de outros que têm sucesso; aqueles que vivem com dificuldade procuram a companhia de quem está em circunstâncias semelhantes.

Tudo isso direciona para este fato: você atrairá pessoas que se harmonizam com sua filosofia de vida, queira você ou não. Por essa razão, é muito importante que preencha sua mente com um objetivo principal definido que atrairá pessoas e circunstâncias que serão úteis para você, e não um obstáculo.

Nós absorvemos do ambiente que nos cerca o material para pensamento. O que quero dizer com o termo ambiente abrange um campo muito amplo. Ambiente é composto por livros que lemos, pessoas com quem nos associamos, o país e a comunidade em que vivemos, a natureza do trabalho que fazemos, as roupas que vestimos, as canções que cantamos e, mais importante que tudo, a educação religiosa e intelectual que recebemos nos primeiros anos da adolescência.

O propósito de analisar o assunto do ambiente é mostrar sua relação direta com a personalidade que você está desenvolvendo e como sua influência fornece os materiais com os quais você pode atingir seu objetivo principal definido na vida.

O primeiro passo é criar na mente uma imagem clara e bem definida do ambiente no qual você acredita que poderia atingir melhor seu objetivo principal definido. Em seguida, concentre a mente nessa imagem até transformá-la em realidade.

A mente se alimenta daquilo que nós fornecemos, ou daquilo que é imposto a ela, por meio do nosso ambiente. Portanto, selecionemos nosso ambiente, tanto quanto possível, com o objetivo de fornecer à mente o material adequado para realizar seu trabalho. Se seu ambiente não o agrada, mude-o.

Seus contatos diários constituem uma das partes mais importantes e influentes do ambiente e podem trabalhar para o seu progresso ou contra ele. Tanto quanto possível, você deve selecionar como associados diários mais próximos aqueles que simpatizam com seus objetivos e ideais – especialmente os representados por seu objetivo principal definido.

Você deve fazer questão de se associar a pessoas cujas atitudes mentais o inspirem com entusiasmo, autoconfiança, determinação e ambição.

Lembre-se de que cada palavra falada ao seu ouvido, cada visão que atinge seus olhos e cada impressão sensorial que você recebe por meio de qualquer um dos cinco sentidos influencia seus pensamentos.

Sendo assim, você percebe a importância de controlar, tanto quanto possível, o ambiente em que vive e trabalha? Consegue ver a importância de ler livros que tratem de assuntos que estão diretamente relacionados ao seu objetivo principal definido? Percebe a importância de conversar com pessoas que simpatizem com seus objetivos e que o estimularão e incentivarão a alcançá-los?

TUDO O QUE VOCÊ PODE CONCEBER E ACREDITAR, PODE ALCANÇAR

O trecho a seguir é de *O manuscrito original*, Volume I, Lição Dois.

Suponha que seu objetivo principal definido esteja muito acima de sua posição atual na vida. O que é que tem? É sua prerrogativa – na verdade, é seu dever – almejar subir na vida. Você deve isto a si mesmo e à comunidade em que vive: estabelecer um alto padrão para si mesmo.

Temos evidências sólidas de que nada dentro do razoável está além do que é possível ser alcançado pela pessoa cujo objetivo principal definido foi bem desenvolvido.

Há alguns anos, Louis Victor Eytinge foi condenado à prisão perpétua na penitenciária do Arizona. Na época de sua prisão, ele era um "homem mau" completo, segundo ele mesmo. Além disso, acreditava-se que ele morreria de tuberculose em um ano.

Eytinge tinha motivos para se sentir desanimado. A opinião pública estava intensamente contra ele, e não havia um único amigo no mundo que fosse oferecer incentivo ou ajuda a esse homem.

Então algo aconteceu em sua mente que lhe devolveu a saúde, pôs a temida doença de lado e, finalmente, destrancou os portões da prisão e deu-lhe a liberdade. O que foi esse "algo"?

Foi sua decisão de recuperar a saúde. Era um objetivo principal muito definido. Em menos de um ano a partir do momento em que sua decisão foi tomada, ele venceu.

Em seguida, ele estendeu esse objetivo principal definido e decidiu ganhar a liberdade. Logo as paredes da prisão derreteram em volta dele.

NOTA DO EDITOR

Na prisão, Louis Eytinge decidiu se tornar escritor. Ele pegou revistas, catálogos e qualquer coisa que tivesse artigos de marketing e começou a reescrevê-los. À medida que sua confiança no que estava fazendo crescia, ele passou a enviar cópias revisadas para as empresas que haviam produzido as peças. Algumas não ficaram lisonjeadas, mas outras reconheceram que ele tinha habilidade. Logo ele estava ganhando uma boa quantia. Porém, mais importante, sua dedicação impressionou um grupo de clientes, e eles decidiram ajudá-lo. Solicitaram clemência ao governador do Arizona. Demorou um pouco, mas Eytinge acabou sendo libertado e saiu da prisão para um emprego em uma empresa de relações públicas.

O texto a seguir foi adaptado de uma história contada em *Believe and Achieve* e em *The Success System That Never Fails.*

Napoleon Hill e W. Clement Stone estavam realizando uma série de seminários de três noites sobre "Ciência do Sucesso" em San Juan, Porto Rico. Na segunda noite do curso, como lição de casa para o dia seguinte, eles incentivaram os participantes a aplicar os princípios que haviam aprendido e relatar os resultados ao grupo.

Na noite seguinte, um contador que estava fazendo o curso deu o seguinte relatório: "Nesta manhã, quando cheguei ao trabalho, meu gerente-geral, que também está participando deste seminário, me chamou em seu escritório e disse: 'Vamos ver se isso realmente funciona. Você sabe, nós temos aquela cobrança de US$ 3 mil que está atrasada há meses. Por que você não faz a cobrança? Ligue para o gerente e, nessa conversa, adote uma atitude mental positiva. Vamos começar com primeira atitude do Sr. Stone: *Faça agora*!'".

"Fiquei tão impressionado com sua discussão ontem à noite, sobre como todos podem fazer o subconsciente trabalhar em proveito próprio, que, quando meu gerente me mandou fazer a cobrança, decidi tentar fazer uma venda também."

"Quando saí do escritório, fui para casa. No silêncio da minha casa, decidi exatamente o que fazer. Orei sinceramente e com a expectativa da ajuda para fazer a cobrança e uma grande venda."

"Eu acreditava que teria resultados específicos. E tive. Peguei os US$ 3 mil e fiz outra venda de mais de US$ 4 mil. Quando estava saindo do escritório do cliente, ele disse: 'Você certamente me surpreende. Quando chegou aqui, eu não tinha intenção de comprar. Não sabia que você era vendedor. Achei que fosse o contador-chefe'. Essa foi a primeira venda que fiz em minha carreira."

NOTA DO EDITOR

Ao longo da carreira, Napoleon Hill ouviu milhares de histórias de pessoas que abordaram suas teorias com alguma dúvida inicial e depois, quando as experimentaram por conta própria, ficaram maravilhadas com os resultados. Em uma das palestras gravadas de Hill, ele citou uma carta que recebeu de Edward P. Chase logo após a publicação de Quem pensa enriquece – Edição oficial e original de 1937. *Chase era um vendedor que representava a Sun Life Assurance e disse o seguinte: "Estou escrevendo para expressar minha gratidão por seu livro. Segui seu conselho ao pé da letra. Como resultado, tive uma ideia que resultou na venda de uma apólice de seguro de vida de dois milhões de dólares, a maior venda individual desse tipo já feita em Des Moines".*

O segredo da venda foi que Ed Chase não apenas leu o livro; ele também "seguiu seu conselho ao pé da letra". Ele não foi cético, não questionou as ideias incomuns, apenas fez o que Hill dizia, e teve exatamente o que aquilo prometia. No momento em que você estabelece um objetivo definido e vai atrás dele com um desejo ardente de realizá-lo, oportunidades inesperadas são colocadas em seu caminho.

Hill também contou sobre o encontro com um australiano, Bill McCall, que, quando jovem, era um fracasso nos negócios, até que pediu emprestado um exemplar de Quem pensa enriquece – Edição oficial e original de 1937 *na biblioteca de sua região, em Sydney. Bill McCall disse a Napoleon Hill que ele se lembrava nitidamente de estar na terceira leitura do livro, no capítulo sobre autossugestão, quando de repente tudo se juntou e se encaixou em sua mente.*

Reconhecer seu objetivo principal definido e fixá-lo em sua personalidade usando as técnicas de autossugestão sugeridas no livro foi o ponto de inflexão para Bill McCall. Ele afirma que, sem essa revelação, nunca teria se tornado presidente do conselho da Coca--Cola na Austrália, diretor de mais de vinte empresas familiares e o homem mais jovem a ser eleito membro do parlamento australiano.

Outro grande exemplo aconteceu mais perto de casa, na estação de rádio WGN de Chicago.

Earl Nightingale, cujo programa de rádio "Our Changing World" era ouvido diariamente em centenas de emissoras, também era um conhecido palestrante público, cofundador de uma das primeiras empresas de audiolivros e voz de muitos programas motivacionais. Por causa de seu interesse em material de desenvolvimento pessoal, ele leu Quem pensa enriquece – Edição oficial e original de 1937, *ficou fascinado com o capítulo sobre "Objetivo principal definido" e decidiu testá-lo. Foi isto que ele disse em uma carta a W. Clement Stone e Napoleon Hill:*

"Em mais de vinte anos dedicados à busca de uma fórmula com a qual uma pessoa pudesse utilizar todos os elementos possíveis a seu favor, só encontrei todas as respostas depois de ler Napoleon Hill."

"Usando a fórmula do Dr. Hill para a realização, consegui dobrar minha renda em uma semana. Isso foi uma façanha, porque minha renda anterior a essa época era bastante considerável. Então imaginei que, se havia funcionado uma vez, poderia dobrar novamente e, ao mesmo tempo, tirar todas as dúvidas quanto à eficácia do procedimento. Repeti o processo."

"Qualquer pessoa que estuda cuidadosamente e pratica com diligência os métodos comprovados do Dr. Hill não pode deixar de alcançar aquilo para que se dedicou.

"O trabalho do Dr. Hill mudou minha vida, e eu o recomendo de todo o coração a qualquer pessoa interessada em uma vida melhor."

É difícil imaginar que os métodos de Hill pudessem obter um endosso melhor do que Earl Nightingale confirmando pessoalmente que os métodos de Quem pensa enriquece – Edição oficial e original de 1937 *funcionaram para ele. Mas ficou ainda melhor. Nightingale era tão sincero em seus elogios ao impacto dos métodos de Hill em sua vida que decidiu promover o livro de Napoleon Hill em seu programa de rádio por uma semana sem cobrar nada.*

CONCENTRAÇÃO E SEU OBJETIVO PRINCIPAL DEFINIDO

O trecho a seguir combina material de *Quem vende enriquece* e um material similar de *O manuscrito original* e *Quem pensa enriquece – O legado.*

Quase todo mundo tem um objetivo principal definido em um momento ou outro. Entretanto, 95% das pessoas que têm esses objetivos não fazem nada para tentar realizá-los, porque não aprenderam a se concentrar em seus objetivos definidos por tempo suficiente para fixá-los na mente subconsciente. A maioria das pessoas que adotam um objetivo definido o faz mais como um desejo do que na forma de uma intenção clara, determinada e bem definida.

Apenas permitir que um objetivo definido entre em sua mente não trará nenhum resultado. Para ter valor, seu objetivo definido deve ser fixado na mente por meio do princípio da concentração.

O princípio por trás de um objetivo principal definido e o princípio da concentração são as duas faces da mesma moeda. Um só pode ser aplicado com sucesso com o auxílio do outro.

Os praticantes são os crédulos em todas as esferas da vida. Quem acredita que pode alcançar o objeto de seu objetivo principal definido não reconhece a palavra impossível. Nem reconhece uma derrota temporária. Eles sabem que terão sucesso e, se um plano falha, rapidamente o substituem por outro. Cada conquista notável enfrenta algum tipo de revés temporário antes que o sucesso chegue. Edison conduziu mais de dez mil experimentos antes de conseguir fazer a primeira máquina falante registrar as palavras "Mary tinha um cordeirinho".

A concentração desenvolve o poder da persistência e permite que você supere todas as formas de derrota temporária. A maioria das pessoas nunca aprende a real diferença entre derrota temporária e fracasso permanente, porque falta a elas a persistência necessária para protagonizar um retorno depois de terem experimentado uma derrota temporária. A persistência é meramente um esforço concentrado bem misturado com determinação e fé em você mesmo.

Lembre-se do que foi ensinado no capítulo sobre autossugestão. Você está aplicando o princípio da autossugestão com o propósito de dar ordens à sua mente subconsciente.

Além disso, lembre-se também que palavras sem emoção não influenciam a mente subconsciente. Você não terá resultados apreciáveis enquanto não aprender a acessar a mente subconsciente com pensamentos ou palavras que foram bem carregados com a emoção da fé.

As ordens devem ser apresentadas repetidamente (afirmações positivas repetidas) antes de serem interpretadas pela mente subconsciente.

Não desanime se não conseguir controlar e direcionar as emoções na primeira vez que tentar. Sua capacidade de usar o princípio da autossugestão vai depender, em grande parte, da capacidade de se concentrar em determinado desejo até que esse desejo se torne uma obsessão ardente. Decida o que deseja, decida obter exatamente o que quer, sem substitutos, e você terá se apoderado do mais precioso de todos os bens disponíveis para os seres humanos.

Mas seu desejo não deve ser um mero desejo ou esperança. Deve ser um desejo ardente, tão obsessivo que você se disponha a pagar o preço que pode custar sua realização.

No momento em que você escolhe um objetivo principal definido dessa maneira, coisas estranhas e maravilhosas começam a acontecer. As formas e meios de atingir esse objetivo começarão imediatamente a se revelar a você. A cooperação de outras pessoas vai se tornar disponível. Seus medos e dúvidas começarão a desaparecer, e a autoconfiança tomará o lugar deles.

* * *

Você agora tem em seu poder a chave para a realização. Só precisa destrancar a porta do templo do conhecimento e entrar. Mas você tem que ir ao templo; ele não irá até você. Se essas leis são novas para você, o início não vai ser fácil. Você vai tropeçar muitas vezes. Leia e releia o capítulo sobre autossugestão até compreender e dominar as técnicas de visualização e afirmação.

Capítulo 5

O MasterMind

NOTA DO EDITOR

Quando Napoleon Hill escreveu o manuscrito de sua obra-prima O manuscrito original, *construiu o livro em torno de quinze conceitos individuais que ele chamou de princípios do sucesso. Apesar de ter sido um best-seller e de Hill ter passado vinte anos pesquisando, testando e escrevendo o material para o livro, ele ainda tinha reservas sobre parte do conteúdo. Hill chegou à conclusão de que um conceito sobre o qual escrevera no capítulo introdutório era, na verdade, um princípio em si mesmo. Como resultado, a edição seguinte incluiu um novo princípio do sucesso, o décimo sexto, que Napoleon Hill chamou de MasterMind. Ele definiu o princípio do MasterMind como "coordenação de conhecimento e esforço, em um espírito de harmonia, entre duas ou mais pessoas, para a realização de um objetivo definido".*

Depois de ler a definição de Hill do MasterMind, muitas pessoas fazem a suposição errada de que o que ele está descrevendo nada mais é do que trabalho em equipe. Isso não é correto. A explicação a seguir deve ajudá-lo a entender a diferença entre trabalho em equipe ou cooperação (o que é certamente desejável e algo pelo qual você deve se esforçar em qualquer empreendimento) e uma aliança de MasterMind, que eleva o conceito a outro nível. Esta explicação foi adaptada do livro Believe and Achieve, *da Fundação Napoleon Hill.*

O trabalho em equipe pode ser realizado por qualquer grupo – mesmo aquele cujos membros tenham interesses diferentes –, porque tudo o que ele requer é cooperação. No trabalho em equipe, as pessoas podem cooperar simplesmente por gostarem do líder ou por um senso de dever. Alguns membros darão 100% a qualquer equipe que pague o suficiente, mas eles têm pouca preocupação com o objetivo. E às vezes há um bom trabalho em equipe porque membros diferentes têm agendas diferentes. Um conselho administrativo pode discordar, até mesmo ser hostil e ainda assim administrar uma empresa com sucesso. Os grupos musicais são formados por pessoas notoriamente egocêntricas que trabalham em equipe se isso os ajudar a progredir.

MasterMinds, por sua vez, são formados por indivíduos que têm a mesma agenda, um profundo senso de missão e compromisso com o mesmo objetivo. MasterMinds representam a mais alta ordem de pensamento em grupo de pessoas experientes, cada uma contribuindo com o seu melhor de acordo com as próprias habilidades, experiência e formação. Se você já participou de uma reunião quando tudo deu certo e as ideias foram construídas a partir de outras ideias, com cada membro contribuindo até que, da atividade de grupo, surgisse a melhor ideia ou solução possível, isso foi um MasterMind em ação.

PODER PELO MASTERMIND

[A seção a seguir é extraída e adaptada de A lei do sucesso, *Volume I, Lição Dois.]*

Nenhum indivíduo pode ter grande poder sem utilizar o MasterMind. O poder em grandes quantidades pode ser acumulado apenas por meio dos esforços coordenados de mais de uma mente. Não importa quanto você é inteligente ou bem-informado, nenhum indivíduo, funcionando de maneira independente, pode ter grande poder. A razão para isso é que o poder, para ser eficaz, deve ser aplicado. Os indivíduos são limitados quanto à quantidade de energia que podem transmitir ou aplicar.

Você tem que fazer outras pessoas cooperarem com você se quiser organizar seu conhecimento de modo que possa transformar seus planos em poder. O esforço organizado é produzido por meio da coordenação do esforço de duas ou mais pessoas que trabalham para um fim definido, em um espírito de harmonia.

Andrew Carnegie chamou minha atenção pela primeira vez para o princípio do MasterMind. Quase vinte anos atrás, entrevistei o Sr. Carnegie com o propósito de escrever uma história sobre ele. Durante a entrevista, perguntei ao que ele atribuía seu sucesso. Com um brilho nos olhos, ele disse: "Jovem, antes de eu responder à sua pergunta, por favor, defina o sucesso?".

Depois de esperar até perceber que eu estava um pouco constrangido com o pedido, ele continuou: "Quando fala em sucesso, você se refere ao meu dinheiro, não é?".

Disse a ele que dinheiro era o termo pelo qual a maioria das pessoas media o sucesso, e ele então respondeu: "Oh, bem, se você deseja saber como consegui meu dinheiro – se é isso que chama de sucesso –, responderei à sua pergunta dizendo que temos um MasterMind aqui em nossa empresa, e esse grupo é composto por mais de vinte homens que constituem minha equipe pessoal de superintendentes, gerentes, contadores e químicos. Nenhuma pessoa neste grupo é o MasterMind de que falo, mas a soma de todas as mentes do grupo, coordenadas, organizadas e dirigidas para um fim definido em um espírito de cooperação harmoniosa, é o poder que ganhou dinheiro para mim. Não existem duas mentes no grupo exatamente iguais, mas cada homem no grupo faz o que deve fazer e o faz melhor do que qualquer outra pessoa no mundo poderia fazer".

O grupo de homens citado por Carnegie constituía um MasterMind, e esse grupo era tão bem-organizado, tão bem coordenado, tão poderoso, que poderia ter acumulado milhões de dólares para o Sr. Carnegie em praticamente qualquer tipo de empreendimento de natureza comercial ou industrial. O ramo siderúrgico em que esse grupo estava envolvido era apenas um incidente relacionado ao acúmulo da riqueza de Carnegie. A mesma riqueza poderia ter sido acumulada se o MasterMind fosse voltado para o ramo de carvão, banco ou alimentos, porque por trás dele estava o poder – aquele tipo de poder que você pode alcançar quando organiza suas próprias faculdades mentais e as alia a outras mentes bem-organizadas para a conquista de um objetivo específico.

NOTA DO EDITOR

Existem pelo menos três vantagens distintas ao se trabalhar com uma aliança de MasterMind.

Primeiro, aumenta a quantidade do que se pode fazer. Como Hill escreveu no início deste capítulo, não importa quanto você é inteligente ou informado, nenhum vendedor, atuando de forma independente, pode ter grande poder. Você precisa de outras pessoas para ampliar seu alcance. Se você tentar fazer isso sozinho, vai precisar de mais tempo para fazer coisas que outros podem fazer mais rápido e melhor; no final, você perde tempo, dinheiro e energia.

Em segundo lugar, melhora a qualidade do que você pode fazer, porque, além de mais mão de obra, também oferece mais conhecimento do que qualquer pessoa pode ter. O MasterMind tem sido chamado de networking da mais alta categoria. Por meio de sua aliança de MasterMind, você combina seu raciocínio e conhecimento com o raciocínio e conhecimento de outras pessoas que se juntam a você, e os outros oferecem a você orientações e contatos deles como se fossem seus.

Terceiro, melhora sua criatividade. Quando as mentes de duas ou mais pessoas estão coordenadas em um espírito de harmonia, a energia de cada mente parece captar a energia das outras. Um MasterMind produz aquela sensação que você tem quando todos estão muito focados no mesmo objetivo e tudo se desenvolve tão bem que vocês parecem estar em sintonia uns com os outros. Quando isso acontece, seu trabalho e suas ideias parecem estar operando em um plano superior e melhor do que o normal. O texto a seguir retoma o texto original de *Quem vende enriquece.*

COMO MULTIPLICAR SUA CAPACIDADE MENTAL

O cérebro humano pode ser comparado a uma bateria elétrica. É fato que um grupo de baterias fornece mais energia do que uma única bateria. É também fato que a quantidade de energia fornecida por cada bateria individual depende do número e da capacidade de células que ela contém.

O cérebro funciona de maneira semelhante. Alguns cérebros são mais eficientes que outros. Um grupo de cérebros coordenados (ou conectados) em espírito de harmonia fornecerá mais energia do pensamento do que um único cérebro, assim como um grupo de baterias elétricas fornecerá mais energia do que uma única bateria.

Quando um grupo de mentes individuais é coordenado e funciona em harmonia, o aumento da energia criada por meio dessa aliança torna-se disponível para cada mente individual do grupo.

Henry Ford começou a carreira empresarial com a desvantagem da pobreza, do analfabetismo e da ignorância. No período inconcebivelmente curto de dez anos, o Sr. Ford superou essas três deficiências e, em vinte e cinco anos, tornou-se um dos homens mais ricos da América. Como ele fez isso? Aqui está uma pista importante: os passos mais rápidos do Sr. Ford tornaram-se perceptíveis a partir do momento em que ele se tornou amigo pessoal do famoso inventor Thomas A. Edison. É fato que as realizações notáveis do Sr. Ford se tornaram ainda mais pronunciadas mais tarde, depois que ele conheceu Harvey Firestone, John Burroughs e Luther Burbank (cada um deles dotado de grande capacidade mental). Por meio da associação com Edison, Burbank, Burroughs e Firestone, o Sr. Ford acrescentou à sua capacidade intelectual inteligência, experiência, conhecimento e forças espirituais desses quatro homens. Ford usou o princípio do MasterMind exatamente da maneira como é descrito neste livro.

NOTA DO EDITOR

O primeiro passo para montar sua aliança de MasterMind é conhecer com clareza seu desejo ou objetivo principal definido. Seu desejo dirá de que você precisa. Pode ser um pequeno grupo, apenas duas ou três pessoas, como foi o caso de Steve Jobs e Steve Wozniak quando criaram a Apple; Bill Gates e Paul Allen com a Microsoft; ou Steven Spielberg, Jeffrey Katzenberg e David Geffen ao criarem a DreamWorks SKG. Ou pode ser um grande grupo, como a aliança de MasterMind de trinta diretores regionais da

Century 21 Real Estate, que o fundador Arthur Bartlett acredita firmemente ser essencial para o sucesso da empresa. Napoleon Hill sugere que, na maioria dos casos, devem ser dez pessoas ou menos, e, geralmente, quanto menor, melhor.

Escolher as pessoas significa encontrar aqueles que não apenas compartilham sua visão, mas também compartilharão ideias, informações e contatos com você. Eles permitirão que você use toda a força de sua experiência, educação e conhecimento como se fossem seus. E farão isso em um espírito de perfeita harmonia.

A pergunta que vem imediatamente à mente de cada leitor é: "Onde posso encontrar pessoas que vão me ajudar desse jeito?". Hill não pode responder a essa pergunta para você, mas ele diz o que você deve procurar. Onde procurar é uma decisão sua. E se você realmente tem o desejo de alcançar sucesso, vai começar a procurar e não vai desistir até encontrar as pessoas certas.

A descrição de Napoleon Hill do MasterMind abaixo inclui material de *Quem pensa enriquece – Edição oficial e original de 1937* e *O manuscrito original*, e é complementada com material adicional de artigos e discursos que Hill escreveu e foram compilados para publicação por seu amigo, mentor e parceiro de negócios W. Clement Stone, e publicados em dois livros, *Chaves para o sucesso* e *Believe and Achieve.*

ENCONTRAR OS MEMBROS DO SEU MASTERMIND

Alie-se a um grupo de quantas pessoas precisar para montar um MasterMind que o ajudará a criar e executar seu plano ou planos para acumular dinheiro. O cumprimento dessa instrução é absolutamente essencial.

Escolha se associar a pessoas que compartilhem valores, objetivos e interesses comuns, mas que desejem fortemente contribuir para o esforço geral. Tentativa e erro farão parte do processo, mas há duas qualidades que você deve manter em primeiro plano em sua cabeça.

A primeira é a capacidade de fazer o trabalho. Não selecione pessoas para sua aliança apenas porque as conhece e gosta delas. Essas pessoas são valiosas para você porque melhoram sua qualidade de vida, mas não são necessariamente adequadas para uma aliança de MasterMind. Seu melhor amigo pode não ser o profissional de marketing mais experiente, mas talvez possa apresentá-lo a alguém que seja.

A segunda qualidade é a capacidade de trabalhar em espírito de harmonia com os outros. Deve haver um encontro completo de mentes, sem quaisquer reservas. A ambição pessoal deve estar subordinada à realização do propósito da aliança. Isso inclui a sua ambição.

Você também deve insistir na confidencialidade. Algumas pessoas podem revelar uma ideia simplesmente porque gostam de falar. Você não precisa delas em seu grupo.

Faça sintonia com cada membro do grupo. Tente imaginar como você reagiria em determinada situação, se estivesse no lugar dele.

Preste atenção à linguagem corporal. Às vezes, expressões faciais e movimentos dizem muito mais sobre o que uma pessoa sente do que as palavras que saem de sua boca.

Seja sensível ao que não é dito. Às vezes, o que é deixado de fora é muito mais importante do que o que é incluído.

Não tente forçar o entrosamento do grupo muito rapidamente. Abra espaço para aqueles que querem testar ideias bancando o advogado do diabo.

COMPENSE SEU MASTERMIND

Antes de formar sua aliança de MasterMind, decida quais vantagens e benefícios pode oferecer aos membros do grupo em troca de cooperação. Ninguém vai trabalhar indefinidamente sem alguma forma de compensação. E nenhuma pessoa inteligente deve solicitar ou esperar que outra trabalhe sem uma compensação adequada.

Obviamente, a riqueza terá mais apelo para seus membros. Seja justo e generoso em sua oferta. O reconhecimento e a expressão pessoal podem ser tão importantes quanto o dinheiro para alguns de seus membros.

Lembre-se de que, nessas parcerias, o princípio de fazer o esforço extra (fazer mais e melhor do que se é pago para fazer) é especialmente importante. Como líder, você deve dar o exemplo a ser seguido pelos outros.

Cada membro deve concordar desde o início sobre a contribuição que cada um dará e sobre a divisão de benefícios e lucros. Caso contrário, tenha certeza de que surgirão divergências, você terá desperdiçado o tempo de todos, arruinará amizades, e seu empreendimento será destruído.

REÚNA-SE COM SEU MASTERMIND

Combine um encontro com os membros do seu grupo de MasterMind pelo menos duas vezes por semana, e mais frequentemente, se possível, até que tenha aperfeiçoado em conjunto o plano ou planos necessários para o acúmulo de dinheiro.

A primeira reunião envolverá o estabelecimento de pontos fortes e fracos e o ajuste fino de seus planos. Sua aliança deve estar ativa para ter alguma utilidade. Estabeleça responsabilidades específicas e medidas a serem tomadas.

Conforme seu MasterMind amadurece e a harmonia cresce entre os membros, você vai descobrir que as reuniões criam um fluxo de ideias na mente de cada membro. Não deixe as reuniões se tornarem tão regulares e formalizadas a ponto de inibir chamadas telefônicas e outros contatos menos formais.

MANUTENÇÃO DO MASTERMIND

Mantenha a harmonia perfeita entre você e todos os membros do seu grupo de MasterMind. Se deixar de seguir essa instrução ao pé da letra, pode contar com o fracasso. O princípio do MasterMind não pode funcionar onde não prevalece a harmonia perfeita.

Crie um ambiente não ameaçador. Explore todas as ideias com igual interesse e preocupação com os sentimentos de quem as criou.

Todos devem lidar com todos os outros de maneira totalmente ética. Nenhum membro deve buscar vantagem injusta às custas dos outros.

Como líder, você deve inspirar confiança nos membros por meio da dedicação ao seu desejo – que é o objetivo do grupo. Os membros devem ter certeza de que você é confiável e leal.

Quando finalmente estiver pronto para apresentar os resultados de seus esforços a investidores, compradores ou ao público, você poderá enfrentar seu maior desafio de liderança para manter a harmonia do MasterMind. Os esforços do grupo agora serão julgados por estranhos, e enfrentar o julgamento requer coragem e persistência.

A coragem de indivíduos isolados não é nada comparada à de uma equipe unida. Quanto mais você for capaz de manter a harmonia, maior será o poder. E quanto maior o poder, mais resistência vai poder superar.

O MASTERMIND E MUDANÇA

Não ignore que seu objetivo principal pode mudar e que você pode ter de mudar seus associados de MasterMind.

De vez em quando, pode ser necessário mudar os planos adotados para atingir seu objetivo principal definido. Faça essas alterações sem hesitar. Ninguém tem visão suficiente para construir planos que não precisem de alterações ou mudanças.

Se qualquer membro de sua aliança amigável perder a fé no MasterMind, remova imediatamente esse membro e substitua-o por outra pessoa.

Andrew Carnegie me disse que ele também teve necessidade de substituir alguns membros de seu MasterMind. Na verdade, ele disse que praticamente todos os membros que formavam sua aliança original foram, com o tempo, removidos e substituídos por alguma outra pessoa que pudesse se adaptar com mais lealdade e entusiasmo ao espírito e objetivo da aliança.

Você não pode ter sucesso quando está cercado por companheiros desleais e hostis, não importa qual seja seu objetivo principal. O sucesso é construído sobre lealdade, fé, sinceridade, cooperação e outras forças positivas essenciais ao seu ambiente.

Muitos de vocês vão querer formar alianças amigáveis com aqueles com quem estão associados profissionalmente ou nos negócios, com o objetivo de alcançar o sucesso nos negócios ou na profissão. Nesses casos, as mesmas regras de procedimento que foram descritas aqui devem ser seguidas. Seu objetivo principal definido pode ser aquele que o beneficiará individualmente, ou um que beneficie a área ou a profissão com a qual você está conectado.

A lei do MasterMind funciona da mesma forma em ambos os casos. Se você falhar, em caráter temporário ou permanente, na aplicação dessa lei, será porque algum membro de sua aliança não entrou no espírito da aliança com fé, lealdade e sinceridade de propósito.

CASAMENTO E O MASTERMIND

Uma aliança de MasterMind com a pessoa que você ama profundamente é de uma importância inestimável. Se você é casado e não construiu seu relacionamento com os mesmos princípios de harmonia que são essenciais para qualquer aliança, pode ter que se vender novamente ao seu cônjuge. Reserve um tempo todos os dias para falar sobre o que deseja alcançar e como está fazendo isso. Confie em sua definição de objetivo para desenvolver suas habilidades de persuasão e convencer seu parceiro dos benefícios do trabalho que você está fazendo. É muito improvável que seu trabalho não afete seu marido ou esposa de maneira significativa, e você não deve, de forma alguma, arrastar seu parceiro a contragosto para qualquer aventura.

Construa sua aliança de MasterMind no casamento desde o início, e ela fornecerá firmeza e apoio nos momentos mais difíceis. Na verdade, toda a família deve ser incorporada à sua aliança. A falta de harmonia em casa pode facilmente se espalhar para outras áreas. Uma família unida é uma grande equipe.

O MASTERMIND E A INTELIGÊNCIA INFINITA

Você vai lembrar que, no capítulo 3, sobre autossugestão, o termo inteligência infinita foi usado para descrever a parte do subconsciente em que fragmentos e pedaços de informação se juntam para criar lampejos de *insight*, saltos de lógica e ideias originais. A inteligência infinita também é a parte do processo de pensamento que produz palpites, premonições e aquela sensação que chamamos de *déjà-vu*. A inteligência infinita também entra em cena em uma aliança de MasterMind.

A mente humana é uma forma de energia. Quando as mentes de duas pessoas estão coordenadas em um espírito de harmonia, a energia de cada mente parece captar a energia da outra. Duas cabeças são não apenas melhores do que uma, mas também melhores do que duas, porque a combinação é mais do que a soma de suas partes. Duas mentes nunca se juntam sem criar essa terceira força invisível e intangível, que, no caso de um MasterMind, produz *insights* e ideias que nenhuma mente individual teria produzido.

> *NOTA DO EDITOR*
> *Este capítulo não estaria completo sem incluir a história do maior MasterMind da carreira de Napoleon Hill, a aliança entre Hill e o empresário e filantropo milionário W. Clement Stone. Essa história também é um exemplo perfeito do enorme impacto que as técnicas de vendas de Napoleon Hill podem ter sobre a equipe de vendas de uma empresa.*
>
> A seção a seguir foi adaptada de *A Lifetime of Riches: The Biography of Napoleon Hill* [Uma vida rica: A biografia de Napoleon Hill], com pequenos trechos de *Quem pensa enriquece – O legado* e *Believe and Achieve* [Acredite e faça acontecer]. Começa com algumas informações sobre W. Clement Stone.

Como Napoleon Hill, W. Clement Stone nasceu na pobreza. Órfão de pai desde os três anos de idade, aos seis Stone vendia jornais nas esquinas do difícil South Side de Chicago para ajudar a mãe a pagar o aluguel. Aos treze anos ele era dono da própria banca de jornal. Quando ele tinha dezesseis anos, a mãe penhorou seus anéis para que eles pudessem se mudar para Detroit, onde ela poderia se tornar corretora de seguros. Durante o verão, Clem foi trabalhar para a mãe vendendo seguros de porta em porta. Quatro anos depois, W. Clement Stone tinha conseguido economizar US$ 100, que usou para voltar para Chicago e abrir a própria seguradora.

Com a experiência de anos vendendo jornais e as lições que aprendeu abordando possíveis compradores de apólices de seguro, W. Clement Stone se transformou em um vendedor consumado e motivador. No início, sua nova agência em Chicago ia muito bem. Então veio a Depressão, e seu negócio foi arruinado.

Em 1937, W. Clement Stone ganhou, de Morris Pickus, um consultor de vendas que tentava fazer Stone comprar seus serviços, uma cópia do livro de sucesso de Napoleon Hill *Quem pensa enriquece – Edição oficial e original de 1937*. Na época Stone não era um grande candidato a nada que custasse dinheiro. Quando *Quem pensa enriquece – Edição oficial e original de 1937* foi deixado sobre sua mesa, Stone havia reduzido sua equipe de vendas a um grupo esquelético de 135 e ainda tinha dívidas de quase trinta mil dólares.

Embora Stone nunca tivesse ouvido falar de Hill ou de seu famoso *best-seller*, o título despertou sua curiosidade, e ele o abriu. À medida que folheava as páginas, Stone ficava cada vez mais interessado no que Hill tinha a dizer, e acabou lendo o livro de ponta a ponta. Ele descobriu que a filosofia de Hill era muito semelhante à sua, e o livro deu a ele novos *insights* que poderia aplicar no próprio negócio. Um desses *insights* foi o princípio do MasterMind – pessoas trabalhando em harmonia em direção a um objetivo comum.

"Eu tinha algumas preocupações com a contratação de pessoas para trabalhar em meu escritório", Stone explicou mais tarde. "Achava que alguns talvez pudessem se tornar meus concorrentes mais tarde. O princípio do MasterMind me fez perceber que eu poderia multiplicar meus esforços empregando outras pessoas – indivíduos de bom caráter – para fazer boa parte do trabalho que eu estava fazendo ou não tinha tempo para fazer."

Stone ficou tão entusiasmado com a mistura de inspiração e conselhos práticos do livro que deu uma cópia a cada um de seus vendedores. "Coisas fantásticas começaram a acontecer", lembrou. "Muitos dos meus vendedores se tornaram supervendedores. As vendas e os lucros aumentaram. Suas atitudes mudaram de negativas para positivas. Aqueles que buscavam o segredo do sucesso perceberam que tinham poderes potencialmente ilimitados para afetar o subconsciente por meio da mente consciente."

Em 1939, por causa do impacto de *Quem pensa enriquece - Edição oficial e original de 1937* sobre ele e seus vendedores, a equipe de vendas de Stone havia aumentado para mais de mil pessoas, sua empresa havia disparado e ultrapassado até o pico pré-Depressão, e o próprio Stone trilhava um caminho de sucesso que acabaria rivalizando com os de Carnegie e Edison.

* * *

Pule doze anos, para 1951. Napoleon Hill tinha 67 anos quando tomou a decisão consciente de reduzir sua carga de trabalho. Fazia meio século que ele havia saído de Wise County pela primeira vez em busca de fama e fortuna. E, embora tivesse encontrado as duas coisas, tinha sido um trajeto intenso e louco.

Em 2 de maio de 1951, Napoleon Hill e a esposa, Annie Lou, redigiram uma declaração de uma página sobre seus "objetivos principais imediatos". O documento assinado focava nas estratégias de renda para os anos de aposentadoria parcial de Hill. Um ponto fazia referência à receita da venda de livros didáticos para estudo domiciliar de *O manuscrito original*, e dois outros tratavam do marketing de *Believe and You Shall Achieve*, um manuscrito em que Hill trabalhava na época. Outro item tratava da cobrança de uma dívida de um associado no Rio de Janeiro, e outro focava na busca de patrocinadores para um programa de televisão baseado nos dezessete princípios do sucesso. Poucas pessoas associariam um conjunto tão ambicioso de objetivos de curto prazo à aposentadoria, mas foi o que Napoleon fez.

Mas, enquanto ele se preparava para desfrutar de seus anos de crepúsculo, o destino tecia mais uma teia para ele. Semanas depois de redigir e assinar sua declaração de aposentadoria, ele cumpriria um acordo anterior para falar em uma convenção de odontologia em Chicago... e, ao cumprir essa obrigação, sua vida e a de inúmeras outras pessoas mudariam para sempre.

* * *

Pouco antes do compromisso de Hill em Chicago, o Dr. Herb Gustafson, um dentista baseado em Chicago que havia recomendado Hill como palestrante, usou o telefone para retribuir um favor a um de seus pacientes favoritos e melhores amigos.

O homem para quem ele ligou o apresentara ao trabalho de Napoleon Hill alguns anos antes, dando a ele um exemplar de *Quem pensa enriquece – Edição oficial e original de 1937*. O amigo do Dr. Gustafson também era uma espécie de filósofo e considerou *Quem pensa enriquece – Edição oficial e original de 1937* uma grande obra quando o livro foi lançado. Na verdade, o amigo do Dr. Gustafson comprou milhares de cópias do livro ao longo dos anos e as distribuiu a funcionários e amigos.

A ligação de Gustafson foi atendida rapidamente, e a voz carregada de energia de W. Clement Stone atendeu com uma saudação amigável. "Clem", disse Gustafson, "você gostaria de ouvir Napoleon Hill falar na próxima semana?"

Stone deu uma risadinha. Como Hill havia deixado os holofotes nacionais alguns anos antes, Stone presumiu que o filósofo-autor havia morrido. "Herb", respondeu ele, "não acho que minha hora tenha chegado ainda".

Os dois amigos riram, e Gustafson deu a notícia. Não só Hill ainda estava vivo, como também estaria em Chicago na semana seguinte para um almoço no qual Stone também falaria. Finalmente ele poderia conhecer o homem de quem havia comprado tantos livros.

O próprio Stone tinha conquistado fama como empreendedor autodidata que acumulara fortuna pessoal e criara uma empresa ampla e dinâmica com a venda de apólices de seguro de viagem a um dólar. Quando Hill soube que Stone compareceria ao almoço, o palestrante de negócios parcialmente aposentado de 67 anos sentiu uma descarga de adrenalina. *Isso,* pensou Hill, *pode ser muito interessante.*

Esse sentimento acabou sendo um dos raros eufemismos na vida longa e plena de Napoleon Hill.

A adrenalina ainda corria nas veias de Hill com força total quando a reunião foi interrompida para o almoço, após seu discurso.

Ele tinha sido um sucesso estrondoso. O público altamente educado e abastado tinha sido tão cativado e energizado por sua mistura evangelística de mensagens motivacionais e filosóficas quanto qualquer outro grupo para o qual ele havia falado nos últimos cinquenta anos. E embora ele tenha encantado milhares de públicos em sua vida, a emoção da experiência nunca se desgastou. Na verdade, aos 67 anos, com a carreira a meia velocidade da aposentadoria parcial, a satisfação de uma apresentação de desempenho vertiginoso era ainda maior.

À medida que o grupo de simpatizantes e admiradores gradualmente diminuía e os participantes do congresso começavam a sentar-se para almoçar, W. Clement Stone entrou.

Stone ainda não era o tipo de figura pública cuja aparição em uma sala lotada interromperia as conversas e viraria cabeças. Embora tivesse conquistado amplo reconhecimento e respeito no setor de seguros, ele não precisava de publicidade e cobertura da imprensa. Dedicava-se a construir seu negócio, não uma imagem pública, e tentava ficar longe dos holofotes. Ainda assim, era uma presença distinta, mesmo para aqueles que não o conheciam. Elegantemente vestido com o terno escuro que era sua marca registrada, camisa branca engomada e gravata borboleta tradicional, Stone irradiava energia e autoconfiança quando começava a abordar a multidão. Nem mesmo um político de Chicago se igualava a ele quando se tratava de exercer pressão em uma sala cheia de estranhos. Afinal, ele era o milionário mestre de vendas por telefone – um homem que acumulara fortuna pessoal vendendo apólices de seguro a um dólar sem indicação prévia para pessoas que nunca tinha visto antes na vida. Ele também não se intimidava com a posição de ninguém na vida. Sua estratégia clássica de vendas era escolher um grande negócio – os bancos eram os melhores – e começar pelo presidente ou presidente do conselho, se ele estivesse no local. Depois de vender ao principal executivo, Stone descia na hierarquia aos funcionários da administração e ao pessoal de manutenção, contando a cada cliente em potencial que seu chefe e o presidente da organização haviam adquirido a mesma apólice.

Essa estratégia, combinada com a fórmula cuidadosamente afiada de Stone para lidar com a situação de vendas, fez dele um vendedor de imenso sucesso; sua capacidade de treinar outras pessoas para usar a mesma estratégia e táticas de vendas levou à criação de um exército próprio de supervendedores e de uma fortuna pessoal para Stone.

O interesse de Stone em *Quem pensa enriquece – Edição oficial e original de 1937* e no próprio Hill derivou diretamente de sua crença na existência de fórmulas que alguém poderia seguir para alcançar o sucesso nas vendas, na carreira e na vida. As estratégias de ligação fria que ele empregava eram um tipo de fórmula; os "roteiros" que ele criara para seus vendedores e ele mesmo usarem na situação de vendas eram outro tipo de fórmula. Mas Stone sabia que um vendedor verdadeiramente bem-sucedido precisava de mais que um roteiro e uma estratégia básica.

Precisava também de uma fórmula filosófica que o ajudasse a se livrar do desespero de um dia ou semana ruim, superar o contentamento que poderia seguir uma ótima semana e resolver os conflitos inevitáveis entre carreira e família, ambição e princípios, e muitas outras dúvidas e dicotomias que podem prejudicar o desempenho de alguém.

Os princípios de sucesso de Hill eram um complemento quase perfeito para as próprias fórmulas e disciplinas de vendas de Stone. Na verdade, desde o momento em que leu *Quem pensa enriquece – Edição oficial e original de 1937*, em 1938, houve dois pontos absolutos nos negócios de Stone: cada novo vendedor que ele contratava era treinado para usar sua fórmula, muitos pelo próprio Stone, e cada um dos milhares de vendedores em sua organização recebia de Stone uma cópia de *Quem pensa enriquece - Edição oficial e original de 1937*... e era obrigado a ler o livro.

* * *

Fiel à sua palavra, Herb Gustafson conduziu Stone até a mesa do palestrante e sentou-se ao lado de Hill. Enquanto Gustafson completava as apresentações, Stone disse entusiasmado a Hill que era um de seus maiores clientes, pois havia comprado milhares de cópias de *Quem pensa enriquece – Edição oficial e original de 1937* para seus vendedores na última década. Ele também disse a Hill que o livro fora fundamental em sua ascensão para alcançar uma grande riqueza.

Hill sorriu satisfeito. O elogio era algo que ele sempre valorizava, fosse de qualquer fonte. O elogio de homens e mulheres talentosos era ainda mais estimulante. Mas isso era mais que um elogio. Era um endosso ao trabalho de sua vida, e feito por um homem que era mais que realizado. Stone era, aos olhos de Hill, um construtor de império feito no mesmo molde que os gigantes da indústria americana do início do século 20, cujas filosofias forneceram a base para os princípios de sucesso de Hill.

A tranquila aposentadoria parcial de Hill passou a correr perigo quando Stone terminou sua breve saudação. Depois de quase meio século de provações e tribulações, a missão dada a Hill por Carnegie completava um círculo. Ele reunira, analisara e tornara populares as qualidades que criaram as maiores figuras da história dos negócios americana e vivera para encontrar um homem cuja grandeza moderna estava ligada, por intermédio do próprio trabalho de Hill, à de homens da geração de Carnegie. De repente, Hill tomava consciência de quanto mais poderia ser feito.

W. Clement Stone estava na mesma frequência. Um definidor de metas ao longo da vida, em 1952 ele tinha dois objetivos principais. Sua meta de negócios era levar um império de trinta milhões de dólares ao patamar de cem milhões de dólares. O objetivo pessoal era usar sua riqueza e conhecimento para "criar um mundo melhor para a geração atual e as futuras". Stone mais tarde se referiria a essa resolução altruísta como sua "obsessão magnífica", depois de ler *The Magnificent Obsession*, de Lloyd C. Douglas. A conexão entre os objetivos de Stone e o senso rejuvenescido de ativismo de Hill tornou-se clara para os dois homens à medida que o almoço avançava.

"Se você quiser conhecer alguém", Stone ensinava a seus vendedores, "faça a pessoa falar sobre ela mesma". Stone aplicou os próprios ensinamentos em seu primeiro encontro com Hill. Quebrou o gelo fazendo perguntas sobre o discurso de Hill. E descobriu rapidamente que não precisava de muito para estimular Napoleon Hill. Mesmo aos 67 anos, Hill falava com uma intensidade e animação implacáveis que mantinham até um ouvinte veterano como Stone em estado de alerta. Logo as perguntas de Stone não eram mais inspiradas por uma curiosidade educada. Ele começou a sondar as profundezas de um homem cujas energia, ideias e entrega cativante poderiam ter um impacto tremendo em seus negócios e objetivos humanitários.

No final do almoço, Hill e Stone tinham criado a base para uma aliança de MasterMind. Eles haviam debatido a crença de Hill de que o mais importante princípio do sucesso era um objetivo principal definido – Stone acreditava que uma atitude mental positiva vinha primeiro – e compartilharam histórias e filosofias sobre uma ampla gama de assuntos. Enquanto as faíscas criativas voavam, Stone lançou seu charme de vendedor mais persuasivo e disse a Hill que ele deveria esquecer a aposentadoria e voltar para um mundo que precisava dele tanto quanto antes.

Hill rebateu com a sabedoria adquirida em meio século de realizações e fracassos: faria exatamente isso, mas apenas se o próprio Stone administrasse suas atividades. Hill aprendera muito bem que um grande discurso era mais que uma grande mensagem; para ser realmente bem-sucedido, eram necessários organização, planejamento pragmático e apoio poderoso. W. Clement Stone poderia oferecer tudo isso e muito mais – e ofereceu.

* * *

Nos discursos e escritos de sua vida, Napoleon Hill citou dezenas, talvez centenas de exemplos diferentes de alianças de MasterMind, mas nenhum jamais alcançaria o escopo, a profundidade, a longevidade e o impacto da aliança que ele e Stone formaram nos meses e décadas seguintes. Eles nunca teriam um contrato; seu contrato de trabalho sempre se basearia em objetivos comuns, e a relação comercial se baseava na confiança e no aperto de mão.

Em agosto de 1952, depois que Napoleão completou o restante de seus compromissos de apresentações em público, Stone o colocou em sua folha de pagamento, e a parceria começou para valer com a formação da Napoleon Hill Associates. Ainda morando na Califórnia, Napoleon mergulhou na criação de um novo livro, bem como dos novos livros didáticos de estudo domiciliar que ele e Stone haviam decidido serem fundamentais para o projeto. Ele também viajava regularmente para Chicago para ajudar Stone a projetar e implementar um novo programa de treinamento para seus vendedores.

A abordagem anterior de Stone ao treinamento de vendas se concentrava nos novos funcionários: ele ou um de seus gerentes de vendas recebia os novos vendedores, mostrava como aplicar a estratégia e os roteiros e, em seguida, ficava com o iniciado por tempo suficiente para garantir que ele dominasse o processo. Após essa introdução, a habilidade de vendas era reforçada principalmente por meio das cartas de vendas diárias de Stone, que eram uma mistura de mensagens motivacionais e análises dos princípios básicos de vendas.

Apesar do sucesso lendário de sua equipe de vendas, Stone acreditava que o desempenho até mesmo de seus melhores vendedores poderia ser dramaticamente melhorado se eles recebessem treinamento e reforço presencial periódico. Ele também acreditava que essa era a chave para o crescimento contínuo da Combined.

O novo programa de treinamento de Stone exigia a montagem de grupos de vendedores por vários dias para revisar táticas e estratégias básicas de vendas da empresa, treiná-los em novas e velhas fórmulas para lidar com uma ampla variedade de situações de vendas e, acima de tudo, rejuvenescer seu entusiasmo.

A disponibilidade de Napoleon Hill para trabalhar nesse programa foi uma grande bênção, e Stone sabia disso. Não só Hill podia produzir grandes ondas de inspiração em qualquer lugar onde as pessoas se reunissem, mas também sua mensagem e filosofia permaneciam com elas mesmo depois que os ecos de suas palavras silenciassem e o mundo se tornasse mais uma vez um lugar onde o fracasso espreitava ao longo do caminho rumo a cada oportunidade do dia.

Muitos vendedores de Stone tinham dúvidas manifestas sobre esse novo programa, apesar da promoção entusiástica do chefe. Temiam perder tempo no campo e, acima de tudo, não podiam conceber nenhum benefício de um discurso sobre a filosofia do sucesso de um homem cujo livro sobre o assunto já haviam lido.

Mas isso veio antes de eles experimentarem o programa. Depois, a história mudou. Literalmente, centenas de vendedores da Combined Insurance Company se descobriram operando em novos níveis de desempenho ao aplicar os mais recentes "planos" de vendas criados pelos princípios de sucesso comprovados de Stone e Hill para enfrentar os desafios da vida e da carreira.

Apesar de seu dom para a hipérbole ao descrever as próprias realizações, nem mesmo Napoleon Hill poderia forjar sua contribuição real para o notável crescimento do império de Stone. As vendas da Combined Insurance Company aumentaram em um ritmo vertiginoso, e Stone usou os lucros para expandir os negócios com apólices de seguro de vida e invalidez, adquirindo mais empresas, que tiveram um tremendo crescimento.

"Eu realmente tirei a sorte grande com Napoleon Hill", comentou Stone muitos anos depois. "A motivação era a chave para crescer a partir de onde estávamos, e ninguém era capaz de motivar pessoas como Napoleon Hill."

Mas a lucratividade e o crescimento da Combined Insurance Company of America foram apenas um subproduto da aliança de MasterMind Stone-Hill. Seu objetivo principal definido era melhorar a própria sociedade, comunicando os princípios do sucesso a milhões de pessoas de todas as esferas da vida, de todas as raças e religiões. A organização que eles criaram para realizar tudo isso baseava-se em objetivos altruístas, mas não era uma instituição de caridade.

Em um ano, eles lançaram a Napoleon Hill Associates; publicaram novos livros de Hill, incluindo *Como aumentar o seu próprio salário* e *A chave mestra das riquezas*; relançaram os *best-sellers* anteriores de Hill; foram coautores de um novo *best-seller*, *Sucesso através de uma atitude mental positiva*. Eles também lançaram a revista *Success Unlimited*, criaram os cursos de estudo domiciliar Ciência do Sucesso, fizeram programas de televisão, programas de rádio, um documentário – *A New Sound in Paris*, que mostrou a incrível mudança que aconteceu quando toda a cidade de Paris, Missouri, adotou a filosofia Napoleon Hill –, e ambos atravessaram a América falando, ensinando, dando entrevistas e espalhando a filosofia para o maior número possível de pessoas.

NOTA DO EDITOR
Durante os anos de participação ativa de Hill, a empresa de US$ 30 milhões de Stone cresceu até atingir US$ 100 milhões em ativos. Quando W. Clement Stone faleceu, em 2002, sua empresa, agora conhecida como AON Corporation, tinha receita de US$ 2 bilhões por ano, e W. Clement Stone havia dado pessoalmente mais de US$ 275 milhões a várias organizações filantrópicas e de caridade. Stone atribuiria grande parte do sucesso de sua empresa ao homem que ele tirou da aposentadoria em 1952.

Talvez nunca tenha havido um exemplo maior de "coordenação de conhecimento e esforço, em um espírito de harmonia, entre duas ou mais pessoas para a realização de um objetivo definido". O grande volume de trabalho e o alcance da influência alcançados em um período de dez anos por Napoleon Hill e W. Clement Stone deixam poucas dúvidas quanto ao poder e à importância de uma aliança de MasterMind.

Capítulo 6

Personalidade e caráter

NOTA DO EDITOR

O trecho de abertura deste capítulo é adaptado de *O manuscrito original*, Volume III, Lição Dez, com material adicional de *Quem vende enriquece*.

Ninguém pode ter uma personalidade agradável sem a base de um caráter sólido, positivo. Você pode usar as melhores roupas, as mais modernas, e se comportar de uma maneira agradável, mas de alguma forma transmitir a natureza de seu caráter para aqueles com quem entra em contato. Há um grande poder de atração na pessoa que tem um caráter positivo, e esse poder se expressa de maneiras invisíveis e visíveis. No momento em que você se aproxima de uma pessoa, mesmo que nenhuma palavra seja dita, a influência do poder interior invisível se faz sentir.

Adquira o hábito de ser agradável, e terá lucro material e emocional, porque nunca será tão feliz quanto ao saber que está fazendo outras pessoas felizes.

Se existe ganância, inveja, ódio, ciúme e egoísmo em seu coração, você nunca atrairá ninguém, exceto aqueles que são iguais. Semelhante atrai semelhante, e pode ter certeza de que aqueles que são atraídos por você têm natureza semelhante à sua.

Você pode apresentar um sorriso artificial e treinar apertos de mão de forma a imitar perfeitamente o aperto de uma pessoa que é hábil nessa arte, mas se essas manifestações externas de uma personalidade agradável não tiverem aquele elemento vital chamado franqueza de objetivo, afastarão as pessoas, em vez de atraí-las.

Toda transação questionável em que você se envolve, todo pensamento negativo que tem e todo ato destrutivo que pratica arruínam alguma coisa em seu caráter.

Os grandes prêmios da vida vão para os construtores, não para os destruidores. O homem que constrói uma casa é um artista; o homem que a destrói é um vendedor de ferro-velho.

VENDER É UMA ARTE

O trecho a seguir é resumido de *Quem vende enriquece.*

O ato de vender, quando praticado por um mestre, pode ser comparado ao de um artista diante de um cavalete. Pincelada a pincelada, da mesma forma que um artista desenvolve forma e harmonia e mistura cores sobre uma tela, o mestre em vendas pinta uma cena com palavras sobre o que é oferecido. A tela é a imaginação do possível comprador. O artista primeiro esboça a imagem de um jeito rústico, depois a preenche com os detalhes, usando ideias para pintar. No centro da imagem, no ponto focal, é desenhado claramente o contorno definido de um motivo. Da mesma forma que uma pintura sobre tela deve ser baseada em um tema ou motivo, também é assim com uma venda bem-sucedida.

A imagem que o mestre em vendas pinta na mente do possível comprador deve ser mais que um mero esboço. Detalhes precisam ser aperfeiçoados de forma que o comprador em potencial não só veja a imagem em perspectiva como um conjunto finalizado, mas também veja uma imagem agradável. Motivo é o que determina quanto a imagem pode ser agradável.

Amadores e crianças pequenas podem desenhar uma imagem rústica de um cavalo que é reconhecida como a imagem de um cavalo. Mas quando o mestre artista desenha a imagem de um cavalo, aqueles que a veem não só reconhecem um cavalo, como também exclamam: "Que maravilha! Parece vivo!". O artista pinta ação, realidade e vida na imagem.

O vendedor ineficiente rabisca apressado um contorno rústico da coisa que quer vender, deixando o motivo fora da imagem. Esse tipo de vendedor diz: "Veja, é isso, tão claro quanto seu nariz. Agora vai comprar?". Mas o comprador em potencial não vê o que o vendedor manteve escondido na própria mente. Ou o comprador pode "ver", mas não sente. O comprador não é motivado a agir por um esboço rústico ou por terminar, por uma imagem sem vida. Nenhuma semente de desejo foi plantada na mente do comprador; nenhum apelo ao motivo.

O mestre em vendas pinta outra imagem. O mestre não omite detalhes. Mistura tintas-palavras de forma que elas se misturem com harmonia e simetria que capturam a imaginação do comprador em potencial. O mestre em vendas constrói a imagem em torno de um motivo que domina toda a cena, colocando a mente do comprador em potencial para trabalhar. Esse é o mestre em vendas.

* * *

Há algum tempo, um vendedor quis me vender um seguro de vida. Como todo mundo sabe, seguro de vida é abstrato, intangível, e uma das coisas mais difíceis de vender no mundo. Você não o vê; não sente seu cheiro, gosto, textura; não o sente por meio de nenhum dos cinco sentidos. Além disso, precisa morrer para ter lucro com ele. E mesmo então, o lucro vai para outra pessoa.

Mas esse vendedor era um profissional dedicado. Com estudo e preparo, ele havia se familiarizado com os motivos que mais depressa e efetivamente apelam à maioria dos possíveis compradores de seguro de vida. Ele havia se preparado para analisar esses possíveis compradores com precisão a fim de entender que motivo era mais apropriado a cada caso.

Sua apresentação para a venda foi quase como se ele me pusesse diante de uma tela invisível, e nessa tela, com palavras no lugar de pincéis, me fizesse ver uma imagem de como serei quando meu cabelo estiver grisalho, os ombros caídos, as mãos trêmulas e os passos incertos.

Não estou dizendo que ele realmente descreveu esse cenário, mas, com uma insinuação aqui e uma palavra bem escolhida ali, me fez ver essa imagem mentalmente.

E quanto aos meus dependentes? Ele tocava essa palavra, *dependente*, como um violinista magistral toca as cordas de um Stradivarius. E minha esposa, cujo futuro eu certamente queria assegurar?

Embora ela ainda seja uma mulher jovem com vigor, beleza e independência, logo comecei a ter vislumbres de mim no caixão, e minha esposa, então frágil, envelhecida, sem meios ou segurança financeira.

* * *

É preciso ser um verdadeiro artista das vendas para pintar uma imagem tão nítida com palavras. A maestria em vendas consiste em uma série de impressões de imagens impostas à mente do comprador em potencial por meio de um dos cinco sentidos. Se essas imagens criadas com palavras não forem claras e distintas, lindamente harmonizadas e apropriadamente plantadas com motivo, não vão motivar o possível comprador a agir.

Mestres em vendas pintam imagens na mente de seus compradores em potencial valendo-se de muitos motivos, e por intermédio do maior número possível de sentidos. Quando podem, complementam as telas-palavras com imagens reais e exemplos. Sabem que as vendas são feitas com mais facilidade quando a apresentação chega à mente do comprador em potencial por mais de um dos cinco sentidos, e quando mais de um motivo para comprar é plantado na mente do comprador.

A habilidade do mestre em vendas começa e termina com o motivo adequado. Desde que o motivo certo tenha sido injetado no argumento de venda, faz pouca diferença o que acontece entre a abertura e o fechamento de uma venda.

Todas as vendas são assim. As pessoas são movidas a comprar ou não comprar por causa de um motivo. Baseie sua apresentação de vendas no motivo certo, e sua venda será feita antes de você começar.

O Dr. Harper, que vendeu ao magnata dos bondes a ideia de doar o prédio da universidade, não era um vendedor nato. Ele era pequeno e de aparência nada atraente. Tornou-se um grande vendedor ao estudar as pessoas e os motivos que as levavam a agir. Isso é exatamente o que você deve fazer se quiser se tornar um mestre em vendas. Você deve estudar as pessoas e compreender a motivação.

Assim como acontece com os artistas que trabalham com tinta a óleo, mesmo que você nasça com talento, só se torna um artista pronto quando estuda e domina a técnica. Os artistas de vendas também são feitos, não nascem prontos. Eles se tornam mestres estudando a técnica e o motivo; desenvolvem métodos especializados de análise dos compradores e das coisas que eles compram.

O HOMEM ESPETÁCULO

As pessoas compram personalidades e ideias muito mais rapidamente do que compram mercadorias. Exatamente por essa razão, o vendedor que é um bom *showman* vende onde outros vendedores não conseguem. Um bom *showman* é aquele que pode dramatizar os eventos comuns da vida e dar a eles uma aparência interessante de singularidade. Promover esse espetáculo exige imaginação suficiente para reconhecer coisas, pessoas e circunstâncias que podem ser dramatizadas.

O vendedor de seguros de vida que é um *showman* e tem personalidade magnética vende tudo, exceto estatísticas, e raramente menciona a palavra apólice. Não precisa disso. Eles lidam com ideias e as usam para pintar quadros atraentes que interessam e agradam aos compradores em potencial.

Um bom *showman* faz bom uso do entusiasmo. O *showman* ruim não conhece nada de entusiasmo, confia em declarações desbotadas de fatos e apela à razão do comprador em potencial. A maioria das pessoas não é influenciada pela razão; elas são influenciadas pela emoção. O vendedor que não é capaz de despertar as próprias emoções não vai atrair os outros por meio de sua natureza emocional.

Uma apresentação de vendas feita por uma pessoa com a habilidade de promover um espetáculo é um *show* por si só, e é tão interessante quanto uma peça ou um filme. Esse vendedor conduz o comprador em potencial exatamente pelos mesmos processos mentais que um bom drama percorre.

O vendedor que é um *showman* competente pode mudar a mente do comprador em potencial de negativa para positiva. O mestre em vendas promove essa mudança de atitude mental não por acidente ou sorte, mas por meio de um plano cuidadosamente preestabelecido. Independentemente do estado de espírito do comprador ao ser abordado, um *showman* capaz "neutraliza" a mente do comprador em potencial. E, o que é mais importante, o *showman* capaz sabe o suficiente para não tentar fechar a venda até que essa mudança tenha sido efetuada com sucesso.

Se você é um jardineiro, não pode cultivar plantas sem preparar o solo antes de a semente ser semeada. Se você é um vendedor, não pode plantar a semente do desejo na mente do comprador em potencial enquanto essa mente estiver negativa. O vendedor que entende a arte de promover um espetáculo prepara a mente do comprador em potencial de maneira tão cuidadosa e científica quanto o jardineiro inteligente prepara o terreno.

William Burnette pegou um plano de vendas normal, adicionou espetáculo e o transformou em uma receita multimilionária em menos de cinco anos. O plano básico de vendas em si era bastante direto e, na época, nada incomum: criar uma força de vendas para vender utensílios de alumínio para cozinha a donas de casa. O profissional de vendas mediano que anota pedidos dirá que o plano todo pode ser descrito em uma frase: Burnette fará seus vendedores organizarem clubes de donas de casa com o objetivo de vender utensílios de cozinha em alumínio.

Um mestre com talento para o espetáculo como Burnette diria que seu plano é dar a todas as donas de casa do bairro, que trabalham tão duro, uma pausa e oferecer um almoço em homenagem a elas. E a melhor parte é que ele cuidará do *catering* e mostrará a elas como cozinhar pode ser moleza.

Como o plano de vendas de William Burnette realmente funcionava: ele selecionaria um bom bairro de classe média e faria um acordo para usar a casa de uma mulher da região, que convidaria todas as amigas e vizinhas para um almoço. Todas as despesas seriam pagas pela empresa de Burnette, haveria brindes e prêmios, uma refeição elaborada seria preparada por Burnette ou um de seus vendedores em uma demonstração espalhafatosa das peças de alumínio que estava vendendo, e a anfitriã também ganhava uma comissão sobre os pedidos recebidos.

Quando você examina esse plano de vendas, rapidamente entende que ele é muito mais criativo do que simplesmente "organizar clubes de donas de casa com o objetivo de vender para elas utensílios de cozinha em alumínio". Primeiro, Burnette desenvolveu algumas estratégias de vendas muito sólidas:

1. Usar uma anfitriã da vizinhança era uma grande ajuda na qualificação e neutralização das compradoras em potencial.
2. O clima de festa e a chance de conseguir algo de graça neutralizava ainda mais as compradoras.
3. Ter o vendedor para cozinhar e servir garantia que os produtos fossem exibidos da melhor maneira possível.
4. O almoço permitia a Burnette reunir todas as vizinhas em um só lugar para apresentar o produto a várias compradoras ao mesmo tempo.

A esta altura, a maioria dos leitores terá reconhecido que o plano de vendas de William Burnette se tornou o modelo de muitas empresas de sucesso que vendem de tudo, de utensílios de cozinha a produtos de limpeza, cosméticos e até *lingerie*. E se você já participou de uma dessas festas de vendas, também sabe que é preciso saber promover um espetáculo para realizá-la. Por melhor que seja um plano de vendas, se a pessoa que dirige as coisas não tiver a personalidade de um *showman*, o evento ficará estagnado, e as vendas serão ainda menores.

INTERESSE-SE PELOS OUTROS

O trecho a seguir é adaptado de *O manuscrito original*, Volume III, Lição Dez.

Tem um jeito de sua personalidade atrair sempre: interessar-se honestamente pelas outras pessoas. Vou ilustrar exatamente o que quero dizer relatando um incidente que foi, para mim, uma lição de mestre em vendas.

Um dia, uma senhora idosa apareceu no meu escritório e entregou seu cartão com uma mensagem dizendo que precisava me encontrar pessoalmente. Nem toda a capacidade de persuasão das secretárias a fez revelar a natureza de sua visita. Presumi que fosse alguma pobre alma querendo me vender um livro.

Quando eu atravessava o corredor de meu escritório particular, essa senhora, que estava parada além da divisória para a sala da recepção principal, começou a sorrir. Já vi muitas pessoas sorrirem, mas nunca antes tinha visto alguém com um sorriso tão doce como o daquela senhora.

Era um daqueles sorrisos contagiantes, porque captei seu espírito e comecei a sorrir também. Quando cheguei à divisória, a senhora estendeu a mão para apertar a minha. Via de regra, não sou muito amigável quando alguém aparece no meu escritório, porque é muito difícil dizer não se a pessoa que aparece pessoalmente me pede algo que não quero fazer.

No entanto, essa senhora parecia tão inocente e inofensiva, que lhe estendi a mão. Descobri que ela tinha não só um sorriso atraente, mas também um aperto de mão magnético. Ela segurou minha mão com firmeza, mas não com firmeza excessiva, e me fez sentir que estava realmente feliz por apertar minha mão. E acredito que estava.

Apertei a mão de muitos milhares de pessoas durante minha carreira pública, mas não me lembro de jamais ter apertado a mão de alguém que entendesse dessa arte tão bem quanto essa senhora. No momento em que ela tocou minha mão, pude sentir que eu estava "escorregando" e soube que, o que quer que ela tivesse vindo buscar, levaria ao ir embora.

Com um único golpe, essa senhora abriu aquela falsa concha em que me escondo quando os vendedores aparecem. Essa gentil visitante "neutralizou" minha mente e me fez querer ouvi-la.

Devagar e deliberadamente, como se tivesse todo o tempo do mundo (e tinha, até onde eu sabia naquele momento), ela começou a cristalizar o primeiro passo de sua vitória em realidade, dizendo: "Só vim até aqui para dizer que acho que está fazendo o trabalho mais maravilhoso de qualquer homem no mundo hoje".

Cada palavra era enfatizada por um aperto suave, mas firme, na minha mão, e ela olhava através dos meus olhos e dentro do meu coração enquanto falava. Abaixei-me, abri a trava secreta que fechava a divisória e disse: "Entre, querida senhora, vamos ao meu escritório".

Por três quartos de hora, ouvi uma das conversas mais brilhantes e encantadoras que já tinha escutado, e minha visitante se encarregava dela sozinha.

Ela estava tentando me vender um livro? Não. No entanto, estava me vendendo alguma coisa, e essa coisa era eu mesmo. Assim que se sentou, ela desembrulhou um pacote, e, óbvio, havia uma publicação nele. Na verdade, várias publicações. Mas o que ela tinha era um arquivo completo de um ano da revista da qual eu era o editor, a *Hill's Golden Rule*. Ela virava as páginas dessas revistas e lia trechos que havia marcado aqui e ali, garantindo, enquanto isso, que sempre acreditara na filosofia por trás do que lia.

Então, depois que entrei em um estado de completo mesmerismo e totalmente receptivo, minha visitante mudou de assunto com muito tato. Durante os últimos três minutos de sua visita, ela expôs com habilidade os méritos de alguns títulos que estava vendendo. Não me pediu para comprar, mas a maneira como me contou sobre os títulos teve o efeito psicológico de me fazer querer comprar. E, embora eu não tenha feito nenhuma compra, ela fez uma venda – porque peguei o telefone e a apresentei a um homem a quem ela vendeu mais de cinco vezes o que pretendia me vender.

Se aquela mesma mulher, ou outra mulher ou um homem, com o mesmo tato e a mesma personalidade agradável, aparecesse para me visitar, eu me sentaria novamente e ouviria por três quartos de hora.

Somos todos humanos e somos todos mais ou menos vaidosos. E ouviremos com intenso interesse quem fala sobre o que é mais caro aos nossos corações. Mas esse não é o fim da história.

* * *

Alguns anos depois, na cidade de Chicago, eu estava ministrando um curso de vendas para uma organização de investimentos que empregava mais de 1.500 vendedores. Para manter as fileiras dessa grande organização preenchidas, tínhamos de treinar e empregar seiscentos novos vendedores todas as semanas. Dos milhares de homens e mulheres que frequentaram aquela escola, só um compreendeu o significado do princípio que acabei de descrever.

Esse homem nunca havia tentado vender títulos e admitiu com franqueza ao entrar na classe que não era vendedor. Depois da conclusão do treinamento, um dos vendedores "famosos", um homem chamado Perkins, resolveu fazer uma brincadeira com ele. Essa estrela deu ao homem uma "dica" interna sobre onde ele poderia vender alguns títulos sem grande esforço. Perkins disse que faria a venda pessoalmente, mas o homem a quem se referia como um provável comprador era um artista comum que compraria com tão pouca insistência que, sendo a estrela que era, não queria perder tempo com ele.

O novo vendedor ficou encantado com a dica e saiu apressado para ir fazer a venda. Assim que ele saiu do escritório, a estrela reuniu as outras "estrelas" e contou a brincadeira que tinha feito, pois, na verdade, o artista era um homem muito rico, e Perkins havia passado quase um mês tentando vender para ele, sem sucesso. Descobriu-se então que todas as "estrelas" daquele grupo em particular também haviam abordado esse mesmo artista, mas não despertaram seu interesse.

O novo vendedor tinha saído havia cerca de uma hora e meia. Quando voltou, ele encontrou as estrelas esperando sorridentes por ele. Para surpresa de todos, esse novo vendedor também exibia um sorriso largo. Eles se entreolharam intrigados.

"Então, vendeu para o homem?", perguntou o autor da brincadeira.

"É claro que sim", respondeu o não iniciado, "e também descobri que esse artista é tudo o que você disse que ele era – um perfeito cavalheiro e um homem decididamente interessante."

Ele enfiou a mão no bolso e pegou um pedido e um cheque. As estrelas quiseram saber como ele havia feito aquilo.

"Oh, não foi difícil", respondeu o novo vendedor. "Eu apenas entrei e conversei com ele por alguns minutos, então ele mesmo tocou no assunto dos títulos e disse que queria comprar. Portanto, eu realmente não vendi para ele. Ele comprou por conta própria."

Quando eu soube da transação, liguei para esse novo vendedor e pedi que descrevesse, em detalhes, como tinha sido a venda.

Ele disse que, quando chegou ao estúdio do artista, encontrou-o trabalhando em um quadro. O artista estava tão envolvido com seu trabalho, que não viu o vendedor entrar, e o vendedor se colocou em um local de onde podia ver a imagem e ficou olhando para ela sem dizer uma palavra. Quando o artista finalmente o viu, o vendedor desculpou-se pela invasão e começou a falar – sobre o quadro que o artista estava pintando.

Ele sabia o suficiente sobre arte para conseguir discutir os méritos do quadro com alguma inteligência, e se interessava sinceramente pelo assunto. Gostava do quadro e disse isso francamente ao artista.

Durante quase uma hora, os dois homens não falaram sobre nada além de arte, especialmente sobre a imagem no cavalete do artista. Finalmente, o artista perguntou ao vendedor seu nome e que empresa representava, e o vendedor respondeu: "Oh, não importa minha empresa ou meu nome. Estou mais interessado em você e sua arte".

O artista sorriu. Mas, sem se deixar convencer pelo visitante educado, insistiu em saber que assunto o levara ao estúdio.

Então, com um ar de autêntica relutância, esse vendedor – essa verdadeira estrela – se apresentou e identificou sua empresa. Descreveu resumidamente os títulos que vendia, e o artista ouviu como se gostasse de cada palavra dita.

Depois que o vendedor terminou a apresentação, o artista disse: "Bem, bem! Outros vendedores de sua empresa estiveram aqui tentando me vender alguns desses títulos, mas não falaram de nada além de negócios. Na verdade, eles me incomodaram tanto que tive de pedir a um deles para ir embora. Creio que seu nome era Perkins. Mas você apresenta o assunto de maneira muito diferente".

E como esse novo vendedor apresentou o assunto de maneira tão diferente? O que esse mestre em vendas realmente vendeu àquele artista? Ele vendeu títulos para ele?

Não! Ele vendeu o quadro que o homem estava pintando. Os títulos eram quase incidentais.

Acontece que, em uma aula frequentada por esse novo vendedor no início do treinamento, contei a história da senhora idosa que me entreteve por três quartos de hora falando sobre o que era mais querido por meu coração, e isso o impressionou tanto, que ele decidiu estudar seus compradores em potencial e descobrir o que mais interessava a eles, para poder falar sobre isso.

Em seu primeiro mês, esse vendedor "verde" ganhou em comissões mais que o dobro que o segundo vendedor que mais vendeu. E a tragédia disso tudo foi que nenhuma pessoa em toda a organização de 1.500 vendedores se deu ao trabalho de descobrir como e por que ele se tornou a verdadeira estrela da empresa.

NOTA DO EDITOR

Como há uma tendência de ler exemplos como as duas histórias anteriores e pensar "era assim então, mas agora é...", sempre que possível, os editores fazem questão de incluir histórias contemporâneas que apresentem o mesmo argumento. Como você verá no exemplo a seguir adaptado do livro Believe and Achieve, *da Fundação Napoleon Hill, a técnica sobre a qual Hill escreveu ainda é estudada por teóricos modernos da administração, que ainda escrevem sobre ela.*

No livro *Modernas técnicas de persuasão – A vantagem oculta em vendas*, Donald J. Moine e John H. Herd referem-se a "ritmo", que significa revelar seus traços de personalidade que são semelhantes aos exibidos por uma pessoa que você está tentando influenciar. O ritmo, eles dizem, é "uma forma sofisticada de combinar ou espelhar aspectos-chave das preferências comportamentais de outra pessoa".

O que Donald Moine e John Herd sugerem não é um tipo artificial de intimidade que a maioria automaticamente acha desagradável, mas sim uma forma autêntica de se identificar com outra pessoa e dar um passo à frente com essa pessoa.

Alguns fazem isso naturalmente, enquanto outros precisam se esforçar, mas o resultado final é o mesmo. "Você está no controle", dizem os autores, "quando o cliente em potencial tem a sensação de que você e ele (ou ela) pensam da mesma forma e olham para os problemas de maneiras semelhantes. Quando isso acontece, o cliente em potencial se identifica com você e acha fácil e natural concordar com você. Vocês parecem gêmeos emocionais. O ritmo funciona, porque semelhante atrai semelhante."

Outra razão pela qual o ritmo funciona é que a venda, como a maioria de outros relacionamentos pessoais, é emocional. As pessoas não compram seus produtos, suas ideias ou financiam seus projetos apenas com base na razão. Eles respondem emocionalmente a um apelo emocional bem pensado, lógico, persuasivo. Independentemente do grau de sofisticação das perspectivas de hoje, Moine e Herd acreditam, vender é ainda mais emocional do que objetivo.

No decorrer da pesquisa para o livro, os autores estudaram cem dos maiores promotores de vendas do país que dizem "não conseguir descrever conscientemente como realizam sua magia de vendas". Depois de estudá-los em ação, rever suas gravações e testar os novos *insights* em campo, Moine e Herd perceberam que esses supervendedores se identificavam tão naturalmente com as pessoas, que os clientes em potencial gostavam deles instantaneamente e compravam seus produtos e serviços. Ensinar a outras pessoas essas técnicas de acompanhamento resultou em aumentos de vendas de até 232% em algumas empresas no período de um ano.

Embora seja possível estabelecer um ritmo para alinhar os aspectos compatíveis de sua personalidade com os de outra pessoa, isso não significa que você deve se tornar um camaleão que imita os outros.

Enfatize os aspectos de sua personalidade que aprecia e que os outros consideram atraentes. Como todos nós somos indivíduos complexos, com uma gama completa de emoções positivas e negativas, seria totalmente irreal esperar que todos que você conhece gostem de cada aspecto de sua personalidade. Mas, ao dirigir seus pensamentos, você pode controlar o tipo de pessoa que deseja se tornar; um pensador positivo torna-se uma pessoa positiva, alguém que os outros gostam de ter por perto.

Quando estiver lidando com outras pessoas, procure um terreno comum. Identifique os assuntos pelos quais ambos se interessem, não só aqueles de que você gosta ou sobre os quais tem um conhecimento particular. Quando estiver conversando com outra pessoa, não basta alternar para falar um de cada vez, ouça o que a outra pessoa está dizendo.

Para tomar emprestada outra técnica da área de vendas, permita que a outra pessoa fale fazendo perguntas investigativas e abertas. O supervendedor Hank Trisler diz, no livro *No Bull Selling*: "Um vendedor deve falar vinte por cento do tempo e ouvir oitenta por cento do tempo, e esses vinte por cento devem ser ocupados por perguntas para fazer o cliente falar mais. A maneira mais rápida de estabelecer harmonia é fazer a outra pessoa falar sobre si mesma. Quanto mais você me deixa falar sobre mim, mais gosto de você".

RECAPITULAÇÃO DE ELEMENTOS DE UMA PERSONALIDADE AGRADÁVEL

O trecho a seguir é resumido de *Quem vende enriquece*.

Os elementos de uma personalidade agradável são:

1. *Saber entreter*. É como oferecer um bom espetáculo, atrair as pessoas por meio de sua imaginação e mantê-las interessadas por meio da curiosidade. Um bom *showman* é rápido em reconhecer e tirar proveito do que outras pessoas gostam e não gostam no momento psicológico.
2. *Harmonia com você mesmo*. Você não pode ter uma personalidade agradável sem primeiro desenvolver harmonia e controle na própria mente.
3. *Definição de objetivo*. O procrastinador que vaga pela vida sem um plano ou objetivo não tem uma personalidade muito agradável.
4. *Adequação de estilo e roupa*. As primeiras impressões são duradouras. O estilo de roupa inadequado cria uma impressão

difícil de superar. A pessoa com uma personalidade agradável se veste com roupas adequadas à situação.

5. *Postura e porte do corpo.* Todos julgam os outros por sua linguagem corporal: a maneira como andam e a postura geral do corpo. Prontidão na atitude física indica mente alerta e agudeza de percepção.
6. *Voz.* O tom, o volume, o ritmo e a coloração emocional geral da voz constituem fatores importantes de uma personalidade agradável.
7. *Sinceridade de propósito.* Essa qualidade precisa de pouca explicação, mas tê-la é essencial se você deseja ganhar a confiança de outras pessoas.
8. *Escolha do vocabulário.* A pessoa com uma personalidade agradável sente-se à vontade para falar o vernáculo comum ou falar formalmente. E, tão importante quanto a escolha, a pessoa com uma personalidade agradável sabe qual linguagem usar e quando.
9. *Atitude.* Atitude é uma qualidade natural para uma pessoa com autoconfiança e autocontrole.
10. *Bom senso de humor.* Talvez nenhuma outra qualidade seja mais essencial que esta.
11. *Altruísmo.* Egoísmo e uma personalidade agradável nunca são encontrados juntos.
12. *Expressão facial.* A expressão facial é um meio preciso para a interpretação de seu humor e pensamentos. Você pode ter um sorriso largo, um sorriso de lado, ou pode ser um sorriso tão sutil quanto um brilho nos olhos, mas você sempre pode dizer se é um sorriso sincero.
13. Pensamento positivo. As vibrações de seus pensamentos são captadas por outras pessoas. Para ser agradável, você deve irradiar bons sentimentos e pensamentos agradáveis.

14. *Entusiasmo.* Pessoas sem entusiasmo não podem inspirar os outros. O entusiasmo é um fator essencial em todas as formas de vendas.
15. *Um corpo saudável.* A falta de saúde não atrai as pessoas. Você não pode ser entusiasta sem saúde e vigor.
16. *Imaginação.* A imaginação é um dos fatores mais essenciais de uma personalidade agradável.
17. *Tato.* A falta dessa qualidade custou o emprego de muita gente. A falta de tato geralmente é expressa por insensibilidade aos outros e conversas soltas.
18. *Versatilidade.* Conhecimento geral de assuntos importantes de interesse atual e dos problemas mais profundos da vida e do modo de viver são qualidades que conduzem a uma personalidade agradável.
19. *A arte de ser um bom ouvinte.* Treine-se para ouvir atentamente quando outras pessoas estiverem falando.
20. *A arte do discurso enérgico.* O discurso enérgico é o maior trunfo do vendedor. É uma arte que só pode ser adquirida com a prática. Tenha algo a dizer que valha a pena ser ouvido e diga com todo o entusiasmo ao seu dispor.
21. *Magnetismo pessoal.* Também chamado de carisma, é o maior patrimônio de todo grande vendedor e de todo grande líder em todas as áreas da vida. É o fator de uma personalidade agradável mais difícil de ensinar. Toda pessoa tem algum grau de carisma. Você deve descobrir sua própria qualidade carismática e, em seguida, aproveitar ao máximo o que tem.

Um gerente de vendas que treinou mais de trinta mil vendedores chegou à conclusão de que os indivíduos sexualmente mais confiantes são os vendedores mais eficientes. A explicação é que o fator de personalidade conhecido como carisma é uma manifestação de energia sexual.

NOTA DO EDITOR

Os comentários a seguir sobre carisma e habilidade de vendas são da obra-prima best-seller de Hill Quem pensa enriquece – A edição do século 21:

Inúmeros estudos psicológicos e sociológicos sobre a relação entre sexualidade e sucesso apoiam a observação de Hill. Como as características físicas são os aspectos mais quantificáveis da sexualidade, a maioria das pesquisas enfoca gênero, atratividade, tamanho do corpo e idade, e mede indicadores como primeiras impressões, expectativa de desempenho, percepção de desempenho e interação social.

Os estudos geralmente concluem que, ao comparar indivíduos de igual competência, para os homens a percepção é de que os mais altos se saem melhor que os mais baixos, uma cabeça cheia de cabelos supera a calvície, e um bonito ou viril supera os sem graça ou mais velhos. Para as mulheres, os resultados são comparáveis. A percepção é que a atraente tem um desempenho melhor que a sem atrativos, as esguias ou bem torneadas marcam pontuação mais alta que as que estão acima do peso, e espera-se que as mais jovens sejam superiores às mais velhas.

Essas observações sobre a sexualidade física podem parecer óbvias, mas levam a uma conclusão muito significativa. Obviamente, nem todas as pessoas que têm sucesso são altas e viris ou atraentes e bem torneadas. Também é fato que o sucesso de quem é baixo, careca, gordo ou sem graça nem sempre se deve a habilidade superior ou sorte.

É claro que há outro tipo de atratividade que geralmente supera o apelo físico. Esse outro tipo de atratividade está conectado à sexualidade humana, mas não é o que normalmente seria chamado de "sexy". Diz-se frequentemente que as pessoas que têm essa qualidade têm "química", "personalidade", "charme", "apelo" – ou "carisma".

Ao contratar vendedores, um bom gerente de vendas considera o carisma o primeiro requisito. Pessoas a quem falta esse tipo de energia sexual nunca ficarão entusiasmadas nem inspirarão entusiasmo em outras pessoas. E o entusiasmo é um dos requisitos mais importantes na arte de vender, não importa o que você esteja vendendo.

O orador, pregador, advogado ou vendedor a quem falta carisma é um fracasso no que diz respeito a ser capaz de influenciar os outros. Isso, além do fato de a maioria das pessoas ser influenciada pelo apelo às suas emoções, deve facilmente convencê-lo da importância do carisma como parte da habilidade do vendedor. Os mestres em vendas alcançam o domínio das vendas porque, de maneira consciente ou inconsciente, transmutam o carisma (energia sexual) em entusiasmo para as vendas.

Essa declaração explica o significado real e prático da transmutação sexual.

O significado da palavra transmutar é, em linguagem simples, "a mudança ou transferência de um elemento ou forma de energia para outro". A transmutação da energia sexual significa transferir a mente de pensamentos de expressão física para pensamentos de alguma outra natureza.

Vendedores que sabem ativar o carisma adquiriram a arte da transmutação sexual, quer saibam disso ou não. A maioria dos vendedores que transmutam sua energia sexual faz isso sem ter consciência do que está fazendo ou de como está fazendo.

Você pode cultivar e desenvolver essa qualidade em suas relações com os outros. Por meio do cultivo e da compreensão, essa força motivadora vital pode ser aproveitada e usada de maneira muito vantajosa nos relacionamentos entre as pessoas. Essa energia pode ser comunicada a outras pessoas das seguintes maneiras:

- As vibrações do pensamento. Pessoas com carisma projetam sexualidade por meio de sua personalidade de uma forma que influencia aqueles que estão ao seu redor.
- Roupas e estilo. Pessoas carismáticas geralmente são muito cuidadosas com a aparência pessoal. Geralmente escolhem roupas de um estilo que se adapta à sua personalidade, ao porte físico, à pele e assim por diante.
- O aperto de mão. O contato da mão indica, instantaneamente, a presença ou a falta de carisma.
- Postura e porte físico. Pessoas com carisma se movem rapidamente, com graça e facilidade.
- O tom de voz. Carisma, ou energia sexual, é o fator com o qual a voz pode ser colorida ou tornada musical e charmosa.

[Este é o fim dos comentários sobre carisma extraídos de Quem pensa enriquece – A edição do século 21. *Resumimos a partir de* Quem vende enriquece.*]*

ELEMENTOS DE UMA PERSONALIDADE NEGATIVA

Chegamos agora às qualidades que constituem uma personalidade negativa. Analise e faça uma verificação cuidadosa de si mesmo.

1. *Deslealdade.* Não há substituto para a lealdade! A pessoa que não é leal não pode comercializar serviços pessoais de forma eficaz.

2. *Desonestidade.* Não há substituto para a honestidade! É a pedra angular do caráter. Sem um caráter sólido, ninguém pode comercializar seus serviços de forma eficaz.
3. *Ganância.* Uma pessoa que é amaldiçoada pela ganância não consegue disfarçá-la.
4. *Inveja e ódio.* Essas qualidades impossibilitam uma personalidade agradável. Semelhante atrai semelhante.
5. *Ciúme.* Essa é uma forma branda de insanidade. É fatal para uma personalidade agradável.
6. *Raiva.* Seja na forma passiva ou ativa, essa é uma qualidade que desperta antagonismo e antipatia.
7. *Medo.* Existem seis medos básicos contra os quais cada pessoa deve se proteger. São estados mentais negativos que devem ser eliminados antes que alguém possa desenvolver uma personalidade agradável.
8. *Vingança.* Uma pessoa vingativa não pode agradar a ninguém.
9. Apontar defeitos. A pessoa que tem o hábito de criticar os outros pode, com mais proveito, usar esse tempo para procurar os próprios defeitos.
10. *Fofocar sobre escândalos.* As pessoas podem ouvir quem espalha escândalos, mas não vão gostar da pessoa.
11. *Entusiasmo descontrolado.* Muito entusiasmo é tão ruim quanto nenhum.
12. *Desculpas.* É melhor assumir a responsabilidade pelos erros que você não comete do que criar o hábito de tentar colocar nos outros a responsabilidade por esses erros.
13. *Exagero.* É melhor subestimar uma verdade do que exagerá-la. O exagero causa perda de confiança.
14. *Egocentrismo.* A autoconfiança é uma das características mais desejáveis e necessárias, mas deve ser controlada e direcionada

para fins definidos. Todas as formas de autoelogio são facilmente reconhecidas como evidência de complexo de inferioridade. Portanto, seu lema deve ser "Ações, não palavras".

15. *Obstinação e teimosia.* Certa dose de determinação e a capacidade de defender suas opiniões são essenciais, mas essas qualidades não devem se tornar uma política geral.
16. *Egoísmo.* Ninguém gosta de uma pessoa egoísta. Essa qualidade atrai oposição em todas as formas concebíveis.

Lembre-se, ao se colocar diante do espelho de sua própria consciência, que este livro foi escrito para ajudar as pessoas a comercializarem seus serviços de maneira eficaz, entendendo e melhorando primeiro o que elas têm para comercializar. Mantenha esse pensamento claro em mente e seja seu crítico mais severo enquanto lê. O desenvolvimento de uma personalidade agradável depende de você. Requer autocontrole e disposição para mudar hábitos destrutivos.

A REGRA DE OURO

O trecho a seguir foi extraído e adaptado de *O manuscrito original*, Volume IV, Lição Dezesseis.

Há pessoas que acreditam que a Regra de Ouro "Faça aos outros o que gostaria que fizessem a você" nada mais é do que uma teoria e não está de forma alguma conectada com uma lei real da natureza. Elas chegaram a essa conclusão pela experiência pessoal de prestar serviço aos outros sem receber algo em troca.

Quantos de nós não prestamos serviço a terceiros sem receber retribuição ou reconhecimento? Já passei por essa experiência muitas vezes e estou igualmente certo de que isso acontecerá novamente no futuro. Mas não vou deixar de prestar serviço aos outros simplesmente porque eles não retribuem nem apreciam meus esforços. E aqui está a razão: quando presto serviço a outra pessoa ou pratico um ato de bondade, guardo em minha mente subconsciente o efeito dos meus esforços. Ao fazer isso, eu me torno um certo tipo de pessoa e, por ser esse tipo de pessoa, vou atrair para mim outras pessoas que se harmonizem ou se assemelhem ao meu caráter. E aqueles que eu atrair para mim serão o tipo que retribui atos de bondade e serviço. Assim, o que chamo de lei da compensação terá equilibrado a balança. Acredito que essa é realmente uma lei natural que influencia nossas vidas.

Por causa dessa grande verdade, é impossível você prestar qualquer serviço útil ou praticar qualquer ato de bondade sem ser beneficiado. Além disso, é igualmente impossível se entregar a qualquer ato ou pensamento destrutivo sem pagar o preço, a perda de um grau correspondente de seu próprio poder.

Na verdade, "faça aos outros o que gostaria que fizessem a você" e "olho por olho, dente por dente" são duas faces da mesma moeda. Um é o positivo, e o outro é o negativo. Mesmo a pessoa mais egoísta responderá a essa espada de dois gumes. É inevitável. Se eu falar mal de você, mesmo que diga a verdade, você não vai pensar bem de mim. Além disso, você provavelmente retaliará na mesma moeda. Mas se eu falar de suas virtudes, você vai pensar coisas positivas sobre mim e, na maioria dos casos, quando houver uma oportunidade, também vai retribuir na mesma moeda.

Talvez devesse ser "faça aos outros o que gostaria que fizessem a você – tendo em mente que a natureza humana tende a retaliar na mesma moeda". Em outras palavras, se você prefere não ter seu próprio olho arrancado, então se proteja contra esse infortúnio abstendo-se de arrancar o olho do outro. Além disso, preste ao outro um serviço gentilmente útil e, por meio dessa mesma lei, ele prestará a você um serviço semelhante.

E se ele deixar de retribuir sua bondade, o que acontece?

Mesmo assim, você terá lucrado – por causa do efeito de seu ato na mente subconsciente.

Assim, ao se entregar a atos de gentileza e sempre aplicar a filosofia da Regra de Ouro, você tem certeza de se beneficiar de uma fonte e, ao mesmo tempo, tem uma chance bem razoável de lucrar com outra fonte.

É possível que você possa basear todos os seus atos em relação aos outros na Regra de Ouro, sem nunca receber nada em troca. Nesse ínterim, no entanto, você tem fortalecido seu próprio caráter, e, mais cedo ou mais tarde, esse caráter positivo que está construindo começará a se impor, e você vai descobrir que tem recebido juros sobre juros por aqueles atos de bondade que pareciam ter sido desperdiçados com pessoas que não os apreciaram nem retribuíram.

Uma razão para ser justo com os outros é que assim pode fazê-los retribuir na mesma moeda, mas, como eu disse, um motivo melhor é que a bondade e a justiça praticadas com outras pessoas desenvolvem um caráter positivo em todos que as praticam.

Você pode me negar a recompensa a que tenho direito por prestar um serviço útil, mas ninguém pode me privar do benefício que extraí da prestação desse serviço, na medida em que ela favorece meu caráter.

NOTA DO EDITOR

O segmento a seguir foi extraído e adaptado de O manuscrito original, *Volume III, Lição Dez.*

Veja agora um exercício da Regra de Ouro que certamente melhora seu caráter e sua personalidade. Encontre pelo menos uma pessoa por dia em que veja alguma qualidade digna de elogio – e a elogie por isso. Lembre-se de que esse elogio não deve ser uma bajulação barata e insincera; deve ser verdadeiro. Diga suas palavras de enaltecimento com fervor suficiente para impressionar aqueles com quem fala.

Então observe o que acontece. Você terá dado àqueles a quem elogia um benefício de grande valor para eles, e terá dado mais um passo para desenvolver o hábito de procurar e encontrar as boas qualidades em outras pessoas.

Não é exagero enfatizar os efeitos de longo alcance desse hábito de elogiar com franqueza e entusiasmo as qualidades alheias, pois ele logo o recompensará com um sentimento de respeito por si mesmo e a gratidão dos outros, o que modificará toda a sua personalidade. Aqui, novamente, entra a lei da atração, e aqueles que você elogia verão, em você, as qualidades que você vê neles. Seu sucesso na aplicação dessa fórmula virá na exata proporção de sua fé na solidez que ela tem.

Não só acredito que ela é sólida – eu sei que é, e sei porque a utilizei com sucesso e também ensinei outras pessoas a usá-la com sucesso. Portanto, tenho o direito de prometer que você poderá usá-la com igual sucesso.

Além disso, você pode, com a ajuda dessa fórmula, desenvolver uma personalidade agradável tão rapidamente que surpreenderá a todos que o conhecem. Você tem total controle sobre o desenvolvimento dessa personalidade, o que representa uma tremenda vantagem e, ao mesmo tempo, coloca a responsabilidade sobre você, se falhar ou deixar de exercer seu privilégio.

Capítulo 7

Entusiasmo e autocontrole

NOTA DO EDITOR

O trecho a seguir é de *O manuscrito original*, Volume II, Lição Sete.

Durante sua gestão como gerente de vendas da National Cash Register Company, Hugh Chalmers (que mais tarde se tornou famoso na indústria automotiva) enfrentou uma situação muito embaraçosa, que ameaçava aniquilar sua posição, bem como a de milhares de vendedores sob sua direção. A empresa estava em dificuldades financeiras. Esse fato se tornou conhecido dos vendedores da área, e, consequentemente, eles começaram a perder o entusiasmo. As vendas começaram a diminuir até que, finalmente, as condições se tornaram tão alarmantes, que foi convocada uma assembleia geral da organização de vendas, que seria realizada na fábrica da empresa em Dayton, Ohio. Os vendedores de todo o país foram chamados.

O Sr. Chalmers presidiu a reunião. Ele começou chamando vários de seus melhores vendedores para contarem o que havia de errado em campo para os pedidos terem diminuído. Um por um, eles se levantaram, conforme eram chamados, e cada um tinha uma terrível história triste para contar. As condições comerciais eram ruins, o dinheiro era escasso, as pessoas estavam adiando as compras até depois da eleição presidencial e assim por diante. Quando o quinto homem começou a enumerar as dificuldades que o impediram de atingir sua cota habitual de vendas, o Sr. Chalmers pulou em cima de uma mesa, ergueu as mãos pedindo silêncio e disse: "Pare! Ordeno que esta convenção seja interrompida por dez minutos enquanto engraxo meus sapatos".

Em seguida ele olhou para um menino que estava sentado ali perto, ordenou que ele trouxesse seu *kit* de engraxate e engraxasse os sapatos, bem ali onde estava, em cima da mesa.

Os vendedores na plateia ficaram surpresos! Eles começaram a cochichar entre si. Enquanto isso, o menino engraxava primeiro um sapato e depois o outro, demorando bastante e fazendo um trabalho de primeira classe.

Depois que o trabalho foi concluído, o Sr. Chalmers entregou ao menino uma moeda de dez centavos e prosseguiu com seu discurso: "Quero que cada um de vocês", disse ele, "dê uma boa olhada neste menino. Ele tem a concessão para engraxar sapatos em toda a nossa fábrica e nos escritórios. Seu antecessor era bem mais velho que ele e, apesar de a empresa pagar a ele um salário, aquele rapaz não conseguia tirar o sustento desta fábrica, onde trabalham milhares de pessoas".

"Esse menino não só vive bem, sem nenhum subsídio da empresa, como também está economizando dinheiro com o que ganha a cada semana, trabalhando nas mesmas condições, na mesma fábrica, para as mesmas pessoas.

"Agora, gostaria de fazer uma pergunta: de quem foi a culpa de o menino mais velho não conseguir mais negócios? Dele ou de seus compradores?"

A plateia reagiu com um retumbar poderoso: "Foi culpa do menino, é claro!".

“Exatamente”, respondeu Chalmers, “e agora quero dizer uma coisa: vocês estão vendendo caixas registradoras no mesmo território, para as mesmas pessoas, exatamente com as mesmas condições comerciais que existiam um ano atrás, mas não estão fazendo negócios como faziam antes. E agora, de quem é a culpa? De vocês, ou dos compradores?”

Mais uma vez, a resposta veio como um rugido: “A culpa é nossa, é claro!”.

“Fico feliz que tenham a franqueza de reconhecer suas falhas”, Chalmers continuou, “e agora quero dizer qual é o problema. Vocês ouviram rumores sobre esta empresa estar com problemas financeiros e isso matou seu entusiasmo, de modo que não estão fazendo o esforço que faziam anteriormente. Se voltarem aos seus territórios com a promessa definitiva de enviar cinco pedidos cada um durante os próximos trinta dias, esta empresa não terá mais dificuldades financeiras, pois essas vendas adicionais virão na hora certa. Vocês vão fazer isso?”

Eles disseram que sim, e fizeram!

Esse incidente entrou para a história da National Cash Register Company sob o nome de *Hugh Chalmers' Million-Dollar Shoe Shine* [Engraxada de sapato de um milhão de dólares de Hugh Chalmers], pois dizem que isso mudou a maré nos negócios da empresa e rendeu milhões de dólares.

O entusiasmo não conhece derrotas! O gerente de vendas que sabe como mandar a campo um exército de vendedores entusiasmados pode definir o próprio preço por seus serviços. Mais importante, pode aumentar a capacidade de ganho de cada pessoa sob sua direção. Assim, o entusiasmo do gerente de vendas beneficia não apenas a ele mesmo, mas talvez a centenas de outras pessoas também.

NOTA DO EDITOR

O restante deste capítulo, "Entusiasmo e autocontrole", é adaptado de O manuscrito original, *Volume II, Lição Sete e Lição Oito, com pequenas adições de* Quem pensa enriquece *e* Quem vende enriquece. *Nos casos em que passagens mais longas foram incluídas, é citada a fonte original.*

O QUE VOCÊ DIZ, FAZ E PENSA

Qualquer pessoa que tenha visto o entusiasmo se espalhar por uma plateia sabe que existe alguma forma de comunicação silenciosa em andamento. Quando sua mente está trabalhando em alta velocidade porque foi estimulada com entusiasmo, você envia vibrações que são registradas na mente de todos dentro de seu raio – e em especial na mente daqueles com quem você entra em contato próximo.

Quando um orador público sente que o público está em harmonia com ele, está apenas reconhecendo que o próprio entusiasmo influenciou a mente dos ouvintes até que vibrem em harmonia com a dele.

Sempre que um vendedor percebe que chegou o momento psicológico para fechar uma venda, ele simplesmente sente o efeito do próprio entusiasmo, pois isso influencia a mente do comprador em potencial e coloca essa mente "em harmonia" com a dele.

Como vendedor, seu entusiasmo ou falta dele é transmitido aos compradores em potencial de três maneiras: o que você diz, o que faz e o que pensa.

Quando você está entusiasmado com os produtos que está vendendo, com os serviços que oferece ou com o discurso que está fazendo, seu estado de espírito se torna óbvio para todos que o escutam, por meio de seu tom de voz.

Mesmo que você não tenha pensado nisso dessa forma, é o tom com que você faz uma declaração, mais do que a própria declaração, que traz convicção ou deixa de convencer. Nenhuma mera combinação de palavras pode substituir uma crença profunda em uma declaração expressada com entusiasmo ardente. Palavras são apenas sons, a menos que sejam coloridas com o sentimento que vem do entusiasmo.

Aqui a palavra impressa me falha, pois nunca posso expressar com letras e papel a diferença entre as palavras que saem de lábios sem emoção, sem o fogo do entusiasmo por trás delas, e aquelas que parecem jorrar de um coração que está explodindo de ansiedade por se expressar. A diferença existe e é óbvia quando você a escuta.

Assim, o que você diz e a maneira como diz transmitem um significado que pode ser exatamente o oposto do que se pretende. Isso é responsável por muitos fracassos de vendedores que apresentam argumentos com palavras que parecem lógicas, mas carecem do colorido que só pode vir do entusiasmo que nasce da sinceridade e da crença nos produtos que eles estão tentando vender. Suas palavras diziam uma coisa, mas o tom de voz sugeria outra totalmente diferente. Portanto, nenhuma venda foi realizada.

FALE COM FORÇA E CONVICÇÃO

Não importa qual é sua vocação na vida, você deve ser capaz de se posicionar e falar de maneira convincente.

Lembre-se de que a fala é o principal método de expressão de sua personalidade, e, por isso, é vantajoso cultivar um estilo que seja forte e agradável. Você deve trabalhar a voz até que ela se torne rítmica e agradável ao ouvido. Se sua voz tende a ser aguda, abaixe-a até que fique suave e agradável. Coloque sentimento e emoção nas palavras enquanto fala, e desenvolva um tom de voz rico.

Estude as figuras proeminentes da política e do estadismo e verá que os mais bem-sucedidos são aqueles que se destacam por sua capacidade de falar com força e convicção. Isso também vale para negócios, indústria e finanças. Os líderes mais proeminentes são homens e mulheres que falam em público com competência.

Como vendedor, você pode nunca ter que fazer um discurso em público, mas lucrará de qualquer maneira, porque essa capacidade aumentará sua capacidade de falar de forma convincente em uma conversa comum.

NOTA DO EDITOR

Você deve exercitar a voz da mesma forma que exercita outros músculos. Para ser forte e confiável, você deve malhar, praticar, ensaiar e testar a si mesmo.

A única maneira de saber realmente como sua voz soa para os outros é gravando a si mesmo. Você provavelmente ficará surpreso ao se ouvir tão diferente. Analise a gravação para descobrir onde e como pode fazer melhorias. Observe o tom, o volume e o ritmo de seus padrões de fala. As palavras fluem suavemente, ou você para, começa e se interrompe com hums e ahs? Só se ouvindo você já vai poder fazer muitas melhorias.

Existem alguns programas de áudio muito bons que o guiam por meio de exercícios para melhorar a respiração, o tônus e o controle. Naturalmente, também existem treinadores profissionais da voz. E você não deve desprezar o que pode aprender ingressando em organizações como os clubes Toastmasters.

A única maneira de saber realmente como você olha para os outros é trabalhar na frente de um espelho, ou melhor ainda, gravar-se em vídeo. A impressão que causa nas outras pessoas depende de como você projeta sua personalidade, com que paixão expressa seus pontos de vista e quanto parece confortável quando faz isso. Grave sua apresentação, reproduza, faça anotações sobre tudo que deseja alterar, com atenção especial às expressões faciais e gestos com as mãos. Dar a impressão de que não sabe o que fazer com as mãos é um indicador certo de que não tem experiência como palestrante.

Assim como existem treinadores vocais, também existem treinadores de atuação e outros consultores profissionais que podem ajudá-lo a melhorar sua apresentação física. Mais uma vez, os editores sugerem que você pesquise os Toastmasters de sua região e outros clubes de palestras, clubes de teatro ou aulas de teatro. Embora você possa aprender muito com programas de áudio e vídeo, ou fazendo cursos, no final, quanto mais você realmente se posicionar e fizer tudo isso, melhor será.

Tão importante quanto o som da sua voz e o que você fala são as palavras que usa. A menos que tenha certeza do significado exato de uma palavra, não a use. Opte por uma que conheça melhor. Existem muitos livros disponíveis que apontam alguns erros comuns que as pessoas cometem na tentativa de parecer mais informadas. Um dos mais conhecidos é The Elements of Style, *de William Strunk Jr. e E. B. White, uma ferramenta pequena, mas extremamente boa, que fornece informações tanto sobre a palavra falada quanto sobre a escrita.*

Existem também cursos de oratória disponíveis em fita e CD que não apenas ensinam um novo vocabulário, mas também permitem que você ouça as palavras usadas no contexto enquanto ouve a pronúncia correta. Você encontra esses programas de áudio na seção de audiolivros da maioria das grandes livrarias.

Em The Success System That Never Fails, *W. Clement Stone aconselha que, para parecer entusiasmado, você deve agir com entusiasmo. Se agir com entusiasmo, suas emoções o acompanharão, e, em breve, você se sentirá entusiasmado. Ele oferece os seguintes conselhos específicos a partir da experiência pessoal:*

1. *Fale alto! Isso é particularmente útil se você estiver emocionalmente perturbado, ou se ficar nervoso quando estiver diante de uma plateia.*
2. *Fale rapidamente! Sua mente funciona mais depressa que você.*
3. *Enfatize! Enfatize as palavras que são importantes para você ou seus ouvintes – uma palavra como você, por exemplo.*
4. *Hesite! Fale rapidamente, mas hesite onde houver ponto, vírgula ou outro sinal de pontuação nas palavras escritas. Quando você emprega o efeito dramático do silêncio, a mente da pessoa que está ouvindo apreende os pensamentos que você expressou.*
5. *A hesitação depois uma palavra que você quer enfatizar acentua a ênfase.*
6. *Mantenha um sorriso na voz! Isso elimina a rispidez de falar alto e rapidamente. Você pode colocar um sorriso na voz colocando um sorriso no rosto, um sorriso nos olhos.*
7. *Module! Isso é importante se você estiver falando por um período mais longo. Lembre-se de que pode modular tom e volume. Você pode falar alto, mas alternar de maneira intermitente para um tom de conversa e um volume mais baixo, se quiser.*

Termina aqui o trecho de *The Success System That Never Fails*.
O trecho a seguir é resumido de *Quem vende enriquece*.

PRATIQUE O QUE PREGA

O que você diz é, sem dúvida, um fator importante no funcionamento do princípio da sugestão, mas talvez ainda mais importante é o que você faz. Seus atos contam mais do que suas palavras, e ai de você se os dois deixarem de estar em harmonia.

Se você prega a Regra de Ouro como uma boa regra de conduta, suas palavras não convencerão ninguém se você não praticar o que prega.

Se um vendedor da Ford for ao encontro de seu comprador dirigindo um Buick, todos os argumentos que ele puder apresentar em nome da Ford perderão o efeito.

Seus pensamentos constituem a mais importante das três maneiras de transmitir entusiasmo, porque controlam o tom de suas palavras e ações. Se pensamentos, ações e palavras estiverem em harmonia, você está fadado a influenciar outras pessoas.

Quando um cavalheiro de bom coração certa vez plantou em minha mente a sugestão de que eu era um "menino inteligente" e poderia deixar minha marca no mundo, se me educasse, não foi tanto o que ele disse, mas sim a maneira entusiástica como disse isso que causou uma impressão tão profunda e duradoura em minha mente. Foi a maneira como ele agarrou meus ombros e a confiança em seus olhos que levaram sua sugestão tão profundamente ao meu subconsciente, que não me deu paz até eu começar a dar os passos que levariam ao cumprimento da sugestão.

Este é um ponto que eu enfatizaria com todo o poder de que disponho. Não é tanto o que você diz, mas o tom e a maneira como diz que causam uma impressão duradoura.

Deduz-se naturalmente, portanto, que a sinceridade de propósito, honestidade e franqueza devem ser colocadas por trás de tudo que você diz, se quiser causar uma impressão duradoura e favorável.

Tudo que você vende com sucesso para os outros, deve antes vender para si mesmo.

FAÇA O QUE AMA, AME O QUE FAZ

[A história a seguir, extraída do livro Believe and Achieve, *da Fundação Napoleon Hill, é um exemplo perfeito do que pode acontecer quando você é entusiasmado por acreditar completamente no seu produto.]*

Algumas pessoas são abençoadas com um entusiasmo natural. Mary Kay Ash, fundadora da Mary Kay Cosmetics, se considera uma dessas pessoas. Ela diz que descobriu que podia vender por puro entusiasmo quando era uma jovem dona de casa e mãe.

Um dia, ela se lembra, uma mulher chamada Ida Blake apareceu em sua porta vendendo *The Child Psychology Bookshelf*, uma série de livros para crianças. "Se você tinha um problema com seu filho", diz Ash, "simplesmente procurava o problema no final do livro, e havia uma história relacionada a ele. Todas as histórias incluíam uma moral muito boa, e qualquer que fosse o problema, havia uma história que se encaixava na situação. Como uma jovem mãe tentando ensinar aos filhos a diferença entre o certo e o errado, pensei que aqueles eram os melhores livros que eu já tinha visto!"

"Quando a vendedora me disse quanto custavam, quase chorei. Eu simplesmente não podia pagar por eles. Percebendo meu interesse, ela me deixou ficar com os livros durante o fim de semana, e li todas as páginas. Quando ela veio buscá-los, fiquei com o coração partido. Disse a ela que economizaria meu dinheiro e um dia compraria aqueles livros, porque eram os melhores que eu já tinha visto."

"Quando ela viu meu entusiasmo, disse: 'Vou dizer uma coisa, Mary Kay, se você vender dez coleções de livros para mim, eu lhe dou uma'. Bem, isso era simplesmente maravilhoso! Comecei a ligar para meus amigos e para os pais dos meus alunos que estavam começando os estudos na escola dominical na Igreja Batista Tabernacle. Eu nem tinha livro nenhum para mostrar a eles, tudo que tinha era meu entusiasmo."

Em um dia e meio, Ash vendeu as dez coleções, e Ida Blake contratou Mary Kay como vendedora. Mary Kay acabou criando a linha de cosméticos que leva seu nome e fez dela uma palavra conhecida, e ganhou milhões com isso.

NOTA DO EDITOR

Se, ao contrário de Mary Kay, você não nasceu com entusiasmo natural, ainda pode desenvolver entusiasmo. Para isso, aja com entusiasmo. Como foi apontado nos capítulos "Autossugestão e Um objetivo principal definido", qualquer ação que você repita com frequência suficiente se tornará um reflexo automático. Isso se tornará um hábito natural.

Suas emoções nem sempre respondem à razão, mas sempre respondem à ação. Ao agir de maneira consistente com entusiasmo, suas emoções vão responder, e logo você não estará apenas agindo; vai começar a se sentir entusiasmado. E quando você se sente entusiasmado, fica entusiasmado.

De acordo com W. Clement Stone, "Ter entusiasmo é uma atitude mental positiva – uma força interna de intensa emoção. Ser entusiasta é uma expressão externa propulsora de ação".

Quando você age com entusiasmo, está usando o poder da sugestão e da autossugestão. Quando faz isso, o vendedor que regular e repetidamente age com entusiasmo ao falar com os outros de maneira entusiástica e sincera logo descobre que desenvolveu um entusiasmo autêntico.

Embora Napoleon Hill o aconselhe a agir como se estivesse entusiasmado e o incentive a alterar seus hábitos e desenvolver uma personalidade agradável, ele também deixa bem claro que há uma grande diferença entre dar o seu melhor e exibir uma aparência falsa. Honestidade, sinceridade, integridade, modéstia, caráter – todas essas são qualidades no centro da filosofia de realização pessoal de Hill, como fica evidente a seguir.

VOCÊ NÃO PODE MENTIR PARA SI MESMO

Este trecho é extraído e adaptado de *O manuscrito original*, Volume II, Lição Sete.

Não faz muito tempo, fui abordado por um agente do governo de determinado país. O agente buscava meus serviços de redator de materiais de imprensa e propaganda da administração na época. Sua abordagem foi a seguinte:

"Considerando que você tem a reputação de expoente da filosofia da Regra de Ouro, e embora você seja conhecido em todos os Estados Unidos como um homem independente que não é aliado de nenhuma facção política, faria a gentileza de vir ao nosso país, estudar os assuntos econômicos e políticos, depois retornar aos Estados Unidos e escrever uma série de artigos para publicação nos jornais, recomendando ao povo da América o reconhecimento imediato do governo pelos Estados Unidos", etc.

Por esse serviço, receberia mais dinheiro do que jamais pensei que teria em toda a minha vida. Mas recusei a comissão. Não conseguiria escrever de forma convincente sobre a causa daquele país porque não acreditava nessa causa. Portanto, eu não poderia ter misturado entusiasmo suficiente à minha escrita para torná-la eficaz, mesmo se estivesse disposto a mergulhar minha caneta em uma tinta que acreditava ser turva.

Não acredito que possa me dar ao luxo de tentar enganar alguém, sobre qualquer coisa, e sei que não posso me dar ao luxo de tentar enganar a mim mesmo. Isso destruiria o poder de minha caneta e tornaria minhas palavras ineficazes.

Ninguém pode se tornar um grande vendedor se ceder à falsidade. Se você compromete a própria consciência, não vai demorar muito para não ter consciência; pois sua consciência vai deixar de guiá-lo, assim como um despertador deixa de acordá-lo se você não presta atenção a ele.

Só existe uma coisa no mundo que nos dá um poder real e duradouro: o caráter. Reputação, tenha em mente, não é caráter. Reputação é aquilo que se acredita que as pessoas sejam; caráter é o que as pessoas são.

Caráter é algo que você não pode implorar, roubar ou comprar. Você só pode ter caráter construindo-o; e pode construí-lo com seus pensamentos e ações, e de nenhuma outra maneira.

Com a ajuda da autossugestão, qualquer pessoa pode construir um personagem sólido, não importa qual tenha sido seu passado. Quero enfatizar que todos que têm caráter têm entusiasmo e personalidade suficientes para atrair outras pessoas que têm caráter.

A PSICOLOGIA DAS ROUPAS BOAS

Entusiasmo nunca é uma questão de sorte. Existem certos estímulos que produzem entusiasmo, sendo os mais importantes:

1. Trabalhar com o que mais ama.
2. Um ambiente onde se entra em contato com outras pessoas entusiasmadas e otimistas.
3. Sucesso financeiro.
4. Domínio completo e aplicação, no trabalho diário, das dezessete leis do sucesso.
5. Boa saúde.
6. Saber que serviu aos outros de alguma maneira útil.
7. Boas roupas, adequadas às necessidades da ocupação.

Essas fontes de estímulos são autoexplicativas, com exceção da última. A psicologia das roupas é entendida por muito poucas pessoas. As roupas são a parte mais importante do acessório que cada pessoa deve ter para se sentir autossuficiente, esperançosa e entusiasmada.

NOTA DO EDITOR

Nem é preciso dizer que as roupas e o que é aceitável vestir no trabalho hoje estão muito longe do que era considerado apropriado no início do século 20. Ao começar a ler o trecho a seguir, você pode se perguntar o que Napoleon Hill, que usava golas e polainas de celuloide, poderia dizer a um mundo onde o Casual Friday é comum e contratos de bilhões de dólares são assinados por pessoas vestindo jeans ou moletom.

Os editores garantem que, se você continuar lendo, vai ficar bem claro que a filosofia por trás das palavras se sobrepõe à moda de qualquer época específica e que, na verdade, a psicologia das boas roupas de Hill vai muito além de "Posso usar xadrez com listras?".

Quando chegou a boa notícia de que a Guerra Mundial havia acabado, meus bens se resumiam a pouco mais do que eu tinha no dia em que vim ao mundo.

A guerra destruiu meu negócio e tornou necessário um novo começo. Meu guarda-roupa consistia em três ternos bem usados e dois uniformes dos quais eu não precisava mais.

Sabendo muito bem que o mundo desenvolve suas primeiras e mais duradouras impressões de uma pessoa pelas roupas que ela veste, não perdi tempo e fui visitar meu alfaiate. Felizmente, meu alfaiate me conhecia havia muitos anos, portanto, não perguntou quando eu pagaria por aqueles ternos caros.

Com menos de um dólar trocado no bolso, escolhi o tecido para três dos ternos mais caros que já tive e ordenei que fossem feitos imediatamente. Um dos ternos era de um lindo cinza-escuro; um era azul-escuro; o outro era azul-claro com risca de giz.

Em seguida, comprei três ternos mais baratos e um estoque completo das melhores camisas, golas, gravatas, meias e roupas íntimas que ele oferecia.

No dia seguinte, o primeiro dos três ternos foi entregue. Eu o vesti imediatamente, enfiei um lenço de seda novo no bolso externo do paletó, pus no bolso da calça os cinquenta dólares que pedira emprestado oferecendo meu anel como garantia e caminhei pela avenida Michigan, em Chicago, sentindo-me tão rico quanto Rockefeller.

Todas as manhãs, eu me vestia com uma roupa inteiramente nova e caminhava pela mesma rua exatamente na mesma hora. "Por acaso", na hora em que certo editor rico costumava percorrer a mesma rua para ir almoçar. Decidi falar com ele todos os dias, e, de vez em quando, parávamos para conversar um minuto.

Essa reunião diária já durava cerca de uma semana, quando ele parou e me chamou à beirada da calçada, colocou a mão no meu ombro, me examinou da cabeça aos pés e disse: "Você parece próspero para um homem que acaba de abandonar um uniforme. Quem faz suas roupas?".

"Bem", eu disse, "este terno em particular foi feito na Wilkie & Sellery."

Ele então quis saber com que tipo de negócio eu estava envolvido. Eu disse: "Oh, estou preparando o exemplar de uma nova revista que vou publicar".

"Uma nova revista, é?", ele perguntou. "E como você vai chamar?"

"*Hill's Golden Rule.*"

"Não se esqueça", disse meu amigo editor, "de que estou no ramo de impressão e distribuição de revistas. Talvez eu possa ser útil."

Esse era o momento que eu esperava. E posso garantir que essa conversa nunca teria acontecido se esse editor tivesse me visto andando naquela rua dia após dia com um olhar de "cachorro surrado", um terno amarrotado e uma expressão de pobreza no rosto.

Uma aparência de prosperidade sempre chama atenção, sem exceção. Além disso, uma aparência de prosperidade chama "atenção favorável", porque o desejo dominante em todo coração humano é ser próspero.

Meu amigo editor me convidou para almoçar em seu clube. Antes de servirem o café e os charutos, ele "me convencera a desistir" do contrato de impressão e distribuição de minha revista. Eu até havia "consentido" que ele fornecesse o capital, sem nenhuma cobrança de juros.

Em benefício daqueles que não estão familiarizados com o ramo editorial, quero salientar que é necessário um capital considerável para lançar e distribuir em território nacional uma nova revista. O capital necessário para lançar a *Hill's Golden Rule Magazine* foi obtido por causa da maneira como eu me vestia e, talvez mais importante, da maneira como as roupas me faziam sentir.

Eu sabia não só que roupas corretas causariam uma impressão favorável, mas também que roupas boas me dariam um ar de autossuficiência, sem o qual eu não poderia esperar recuperar minha fortuna perdida.

* * *

Conheci muitos vendedores. Durante os últimos dez anos, treinei e dirigi pessoalmente mais de três mil homens e mulheres, e observei que, sem exceção, todos os grandes promotores eram pessoas que entendiam e faziam bom uso da psicologia das roupas. Ainda estou para ver o primeiro vendedor malvestido que se tornou um grande promotor.

Sucesso atrai sucesso! Não há como escapar desse fato. Portanto, se você deseja atrair sucesso, tenha certeza de parecer bem-sucedido, seja você um trabalhador diarista ou um príncipe do comércio.

Para os estudantes mais "dignos" desta filosofia, que podem se opor a recorrer ao "truque das roupas" como um meio para alcançar o sucesso, quero dizer que a verdadeira lição aqui é que praticamente todas as pessoas bem-sucedidas descobriram alguma forma de estímulo pela qual conseguem se empenhar com um esforço maior.

Muitas vezes participei de reuniões de trabalho com colegas que tinham a aparência preocupada, e logo via esses mesmos colegas endireitarem os ombros, levantarem o queixo, suavizarem o rosto com um sorriso de confiança e se dedicarem ao trabalho com aquele tipo de entusiasmo que não conhece derrotas.

Se uma pessoa cuida das questões da vida sem entusiasmo, está fadada ao fracasso. Nada pode salvá-la até que mude de atitude e aprenda como se estimular a alcançar os mais altos níveis de entusiasmo quando quiser.

ENTUSIASMO E SUGESTÃO

Analisaremos agora o assunto da sugestão, e vou mostrar exatamente como aplicar o princípio pelo qual ela opera. Sugestão difere de autossugestão em apenas um aspecto – usamos a sugestão, de maneira consciente ou inconsciente, quando influenciamos os outros, enquanto a autossugestão é um meio de nos influenciar.

Antes que você possa influenciar outra pessoa por meio da sugestão, a mente dessa pessoa deve estar em estado de neutralidade; isto é, deve estar aberta e receptiva ao seu método de sugestão. É aqui que a maioria dos vendedores falha – eles tentam fazer uma venda antes que a mente do comprador em potencial esteja receptiva ou neutralizada.

Quando digo que o vendedor deve neutralizar a mente do comprador em potencial antes de conseguir fazer uma venda, quero dizer que é preciso estabelecer um estado de confiança. É óbvio que não pode haver uma regra definida para estabelecer confiança ou neutralizar a mente e levá-la a um estado de abertura. Aqui a engenhosidade do vendedor deve fornecer aquilo que não pode ser estabelecido como uma regra rígida.

* * *

Há alguns anos, escrevi um livro intitulado *How to Sell Your Services*. Pouco antes de o manuscrito ir para a editora, escrevi a algumas celebridades para perguntar se elas escreveriam avaliações para serem publicadas no livro. O impressor estava esperando o manuscrito, portanto, escrevi uma carta breve para cerca de oito ou dez pessoas, na qual resumi exatamente o que queria.

Para minha consternação, a carta não deu resultados. Não consegui observar dois pré-requisitos importantes para o sucesso: escrevi a carta com tanta pressa, que não consegui injetar nela espírito de entusiasmo, e tinha negligenciado a forma de redação que teria neutralizado a mente daqueles a quem a carta foi enviada. Eu não havia preparado o caminho para a aplicação do princípio da sugestão.

Depois que percebi meu erro, escrevi uma carta baseada na aplicação estrita do princípio da sugestão. Essa carta não apenas trouxe respostas de todos a quem foi enviada, como muitas dessas respostas eram obras-primas e serviram, muito além de minhas maiores esperanças, como suplementos valiosos para o livro.

Para exemplificar melhor como o princípio da sugestão pode ser usado ao escrever uma carta e, especialmente, o importante papel que o entusiasmo desempenha na palavra escrita, as duas cartas são aqui reproduzidas. Não é necessário indicar qual carta falhou, pois isso é bastante óbvio:

Meu caro Sr. Ford:

Estou terminando o manuscrito de um novo livro intitulado *How to Sell Your Services*. Antecipo a venda de várias centenas de milhares de exemplares, e acredito que aqueles que comprarem o livro apreciariam a oportunidade de receber uma mensagem sua sobre o melhor método de comercializar serviços pessoais.

Então, faria a gentileza de me conceder alguns minutos de seu tempo escrevendo uma breve mensagem a ser publicada em meu livro? Esse será um grande favor pessoal para mim, e sei que seria apreciado pelos leitores do livro.

Agradecendo antecipadamente por qualquer consideração que possa ter,

Sinceramente...

Exmo. Thomas R. Marshall,
Vice-presidente dos Estados Unidos,
Washington, DC.

Meu caro Sr. Marshall:

Gostaria de aproveitar a oportunidade de enviar uma mensagem de estímulo, e possivelmente um conselho, a algumas centenas de milhares de seus semelhantes que não deixaram sua marca no mundo com o mesmo sucesso que o senhor alcançou?

Terminei o manuscrito de um livro intitulado *How to Sell Your Services*. O ponto principal do livro é que o serviço prestado é a causa, e o salário é o efeito, e que este último varia na proporção da eficiência do primeiro.

O livro ficaria incompleto sem alguns conselhos de alguns homens que, como o senhor, avançaram desde a base a posições invejáveis no mundo. Portanto, se puder escrever sobre seus pontos de vista a respeito dos aspectos mais essenciais a serem lembrados por aqueles que oferecem seus serviços pessoais, transmitirei sua mensagem em meu livro, o que vai garantir que ela chegará a mãos que farão um enorme bem para uma classe de pessoas sérias que estão lutando para encontrar seu lugar na obra mundial.

Sei que é um homem ocupado, Sr. Marshall, mas lembre-se de que, ao ditar uma carta breve para sua secretária, estará enviando uma mensagem importante a possivelmente meio milhão de pessoas. Em dinheiro, isso não valerá para o senhor o selo de dois centavos que colocará na carta, mas, se avaliar o bem que pode fazer a outros menos afortunados que você, isso pode representar a diferença entre o sucesso e o fracasso para muitas pessoas dignas que lerão sua mensagem, acreditarão nela e serão guiados por ela.

Cordialmente...

Vamos analisar as duas cartas e descobrir por que uma falhou, enquanto a outra teve sucesso. Essa análise deve começar com um dos fundamentos mais importantes da arte de vender: o motivo.

O parágrafo inicial da primeira carta viola um importante fundamento da arte de vender, porque sugere que o objetivo da mensagem é obter alguma vantagem para quem a escreve, sem sequer sugerir qualquer vantagem para a pessoa a quem ela é enviada. Em vez de neutralizar a mente do destinatário da carta, como deveria fazer, ela tem exatamente o efeito contrário: torna mais fácil para ela dizer não.

O leitor pode ver claramente que o objetivo da carta é obter um endosso que ajude a vender o livro, mas o benefício para o leitor só aparece nesta frase: "Acredito que aqueles que comprarem o livro apreciariam a oportunidade de receber uma mensagem sua sobre o melhor método de comercializar serviços pessoais". O argumento de venda mais importante – na verdade, o único argumento de venda – está ausente, porque não foi apresentado e estabelecido como o verdadeiro motivo para o pedido.

Agora veja a frase do segundo parágrafo, que começa assim: "Esse será um grande favor pessoal para mim...". A verdade é que a maioria das pessoas não concede favores apenas para agradar aos outros. Se peço que alguém preste um serviço que me beneficie sem oferecer alguma vantagem correspondente, a pessoa não fica entusiasmada para conceder esse favor. Mas se peço que você preste um serviço que vai beneficiar uma terceira pessoa, e se esse serviço for de tal natureza que provavelmente refletirá em crédito para você, as chances são de que você preste o serviço de boa vontade.

No entanto, a sugestão mais prejudicial de todas é: "Agradecendo antecipadamente por qualquer consideração que possa ter". Essa frase sugere fortemente que o escritor antecipa uma recusa. Isso indica falta de entusiasmo, e não há uma única palavra em toda a carta que coloque na mente do leitor um motivo satisfatório para atender ao pedido.

A sugestão é um dos princípios mais sutis e poderosos da psicologia. Você a usa em tudo o que faz, diz e pensa. Mas, a menos que entenda a diferença entre sugestões negativas e positivas, você pode usá-la de uma maneira que acarrete derrota, em vez de sucesso.

Vamos agora rever a segunda carta, que trouxe respostas de todos a quem foi enviada...

"Gostaria de aproveitar a oportunidade de enviar uma mensagem de estímulo, e possivelmente um conselho, a algumas centenas de milhares de seus semelhantes que não deixaram sua marca no mundo com o mesmo sucesso que o senhor alcançou?"

Compare esse parágrafo de abertura com o da primeira carta. Esse parágrafo é redigido com um propósito duplo. Em primeiro lugar, serve para neutralizar a mente do leitor para que ele leia o restante da carta com a mente aberta. E em segundo lugar, faz uma pergunta que só pode ser respondida de uma maneira e, ao mesmo tempo, praticamente força o leitor a aceitar a proposta como correta e razoável. Qualquer pessoa que responda à pergunta de maneira negativa vai admitir que é egoísta.

O segundo parágrafo da carta é uma declaração direta de um fato que o leitor não pode questionar nem negar. Isso o conduz à segunda etapa da jornada psicológica que o leva diretamente ao cumprimento do pedido que é cuidadosamente inserido no terceiro parágrafo da carta.

O terceiro parágrafo começa fazendo um pequeno elogio ao leitor:

"O livro ficaria incompleto sem alguns conselhos de alguns homens que, como o senhor, avançaram desde a base a posições invejáveis no mundo. Portanto, se puder escrever sobre seus pontos de vista a respeito dos aspectos mais essenciais a serem lembrados por aqueles que oferecem seus serviços pessoais, transmitirei sua mensagem em meu livro, o que vai garantir que ela chegará a mãos que farão um enorme bem para uma classe de pessoas sérias que estão lutando para encontrar seu lugar na obra mundial."

Estude o texto, junto com o ambiente em que foi colocado, e dificilmente vai parecer um pedido. Certamente não há nada nisso que sugira que o autor da carta esteja solicitando um favor em benefício próprio. No máximo, pode ser interpretado apenas como um pedido de favor para terceiros.

Em seguida, leia o parágrafo final e observe como é disfarçada com muito tato a sugestão de que, se o leitor recusar o pedido, parecerá que não se preocupa o suficiente com aqueles que são menos afortunados que ele, se negar-se a gastar um selo e alguns minutos de seu tempo para ajudar essas pessoas. Isso atinge o leitor em cheio e transforma sua consciência em aliada do escritor.

A melhor evidência de que essa análise está correta é que a carta trouxe respostas de todas as pessoas a quem foi enviada, apesar de todos os destinatários serem pessoas que, de maneira geral, se supõe serem ocupadas demais para responder a uma carta dessa natureza.

Nenhum deles escreveu apenas para me agradar, pois eu era desconhecido de todos, exceto quatro deles. Eles escreveram para agradar a si mesmos e prestar um serviço digno.

AUTOCONTROLE

O autocontrole serve como a roda de equilíbrio do entusiasmo. A falta de autocontrole é a fraqueza mais prejudicial do vendedor mediano.

O ponto que quero estabelecer com clareza nesta lição é que o pensamento, seja ele preciso ou impreciso, é a força funcional mais bem-organizada de sua mente, e que você é a soma de seus pensamentos dominantes ou mais proeminentes.

Se você quer ser um mestre em vendas de produtos ou de seus serviços pessoais, precisa exercer autocontrole suficiente para excluir todos os argumentos e sugestões adversos. Muitos vendedores têm tão pouco autocontrole que ouvem o comprador em potencial dizer não antes mesmo que o digam. Eles têm tão pouco autocontrole que chegam a sugerir a si mesmos que o comprador em potencial vai dizer não, quando for abordado para comprar seus produtos.

A pessoa com autocontrole não apenas sugere que o comprador em potencial dirá sim, mas também, se o sim desejado não acontecer, permanece trabalhando até que essa posição seja revertida.

O mestre em vendas, quer esteja empenhado em vender mercadorias ou serviços pessoais, sermões ou discursos públicos, sabe como controlar os próprios pensamentos. Em vez de ser uma pessoa que aceita com submissão mansa as sugestões dos outros, o mestre em vendas é aquele que convence os outros a aceitar suas sugestões. O mestre em vendas se torna uma personalidade dominante.

Um mestre em vendas é aquele que se coloca na posição ofensiva, nunca defensiva, de uma argumentação, caso ela surja.

Se você é um vendedor experiente, sabe que será fatal para a sua venda se permitir que o comprador o coloque na defensiva e o mantenha lá. Você pode ser, e é claro que às vezes será, colocado em uma posição em que terá de assumir o lado defensivo da conversa por um tempo. Mas é seu dever exercer equilíbrio e autocontrole tão perfeitos que mude de lugar com seus compradores em potencial sem que eles percebam a mudança. Isso requer muita habilidade e autocontrole.

Muitos deixam de lado esse ponto vital, ficam com raiva e tentando assustar o comprador em potencial para fazê-lo ceder, mas o mestre em vendes permanece calmo e sereno, e geralmente sai vencedor.

Sempre que uso o termo "vendedor", me refiro a todas as pessoas que tentam persuadir ou convencer os outros pela lógica ou apelando para o interesse pessoal. Somos todos vendedores, ou pelo menos deveríamos ser, independentemente da forma de serviço que prestamos ou do tipo de mercadoria que oferecemos.

A capacidade de negociar com outras pessoas sem atrito e discussão é a qualidade excepcional de todas as pessoas de sucesso. Observe os que estão mais perto de você e perceba como são poucos os que entendem essa arte de negociar com tato. Observe, também, quão bem-sucedidos são os poucos que entendem essa arte, apesar de terem menos escolaridade que aqueles com quem negociam.

É uma habilidade que pode ser cultivada.

NOTA DO EDITOR

Um representante de publicidade de uma revista recebeu um telefonema furioso de um de seus clientes. O departamento de produção da revista colocou informações incorretas em um pequeno anúncio, e o cliente ficou furioso. Gritou e gritou por dez minutos.

O representante da área de publicidade era um vendedor experiente. Ele ouviu atentamente tudo o que o cliente tinha a dizer. Em seguida, o interrompeu com uma declaração simples: "Você sente que prejudicamos seu negócio". Mostrar que entendia a frustração do cliente imediatamente o colocou na ofensiva.

Ele continuou: "Sei que tinha grandes expectativas em relação a esse anúncio e que acha que seu dinheiro foi desperdiçado. Eu gostaria de compensá-lo. Com sua permissão, vamos corrigir o anúncio e publicá-lo novamente, mas desta vez com o dobro do tamanho e sem nenhum custo".

As palavras do representante seguiram reforçando o valor do serviço de sua revista, apresentando ao cliente uma proposta difícil de recusar.

Mais significativamente, no entanto, o representante conseguiu convencer o cliente a concordar com um anúncio muito maior. Claro, na primeira vez que foi publicado, o cliente não pagou nada por ele.

Mas o representante sabia que, assim que o cliente experimentasse o volume de negócios que o anúncio maior criaria, nunca mais voltaria ao anúncio menor.

Ao exercer autocontrole ao lidar com um cliente furioso, o representante de publicidade transformou um potencial desastre em uma oportunidade positiva.

NEGOCIAÇÕES REQUEREM AUTOCONTROLE

A arte da negociação bem-sucedida nasce do autocontrole paciente e meticuloso. Observe com que facilidade o vendedor de sucesso exerce autocontrole ao lidar com um cliente impaciente. O vendedor pode estar fervendo por dentro, mas você não vai ver nenhuma evidência disso em palavras ou atitudes.

Essa pessoa desenvolveu a arte de negociar com tato.

Uma única careta de desaprovação ou uma única palavra denotando impaciência muitas vezes estraga uma venda. Os vendedores de sucesso exercem autocontrole e, como recompensa, estabelecem o próprio salário e escolhem a própria posição.

Assistir àqueles que desenvolveram a arte da negociação bem-sucedida é uma aula. Assista aos palestrantes públicos que adquiriram essa arte; observe a firmeza dos passos quando sobem no palco; note a firmeza da voz quando começam a falar; estude suas expressões faciais enquanto eles conquistam a plateia com a maestria de seus argumentos. São pessoas que aprenderam a negociar sem atrito.

Estude os médicos que desenvolveram essa arte quando entram no quarto do enfermo e cumprimentam seus pacientes com um sorriso. A postura, o tom de voz, a expressão de segurança os identificam claramente como profissionais que desenvolveram a arte da negociação bem-sucedida. E seus pacientes dirão que se sentem melhor no momento em que o médico entra no quarto.

Observe os gerentes ou supervisores que desenvolveram essa arte, como sua presença estimula os funcionários a um maior esforço e os inspira com confiança e entusiasmo.

Repare no advogado que desenvolveu essa arte e veja como ele conquista o respeito e a atenção do tribunal. Há algo no tom de voz, na postura, na expressão que faz com que os oponentes pareçam inferiores.

Tudo isso é baseado no autocontrole. E o autocontrole é resultado do controle do pensamento!

Deliberadamente, coloque em sua mente o tipo de pensamento que deseja ter lá e mantenha fora dela aqueles pensamentos que os outros colocam ali por sugestão, e você se tornará uma pessoa com autocontrole.

Esse privilégio de estimular a mente com sugestões e pensamentos que escolhe é sua prerrogativa, e, se você exercer esse direito, não há nada dentro dos limites da razão que você não possa alcançar.

Perder a paciência e, com isso, seu caso, argumento ou sua sanidade, o identifica como alguém que ainda não se familiarizou com os fundamentos sobre os quais se baseia o autocontrole. E o principal desses fundamentos é o privilégio de escolher os pensamentos que dominam sua mente.

Um aluno de um dos meus cursos uma vez perguntou como alguém controlava os pensamentos quando estava em estado de raiva intensa.

Respondi: "Exatamente do mesmo jeito que você mudaria atitude e tom de voz se estivesse em uma discussão acalorada com alguém da família e ouvisse a campainha anunciando a chegada de visitantes. Você se controla porque quer se controlar".

Se você já passou por uma situação semelhante, em que achou necessário encobrir seus verdadeiros sentimentos e mudar a expressão do rosto rapidamente, sabe como isso pode ser fácil. Você também sabe que isso é possível porque é algo que se deseja fazer.

Por trás de toda conquista, por trás de todo autocontrole, por trás de todo controle do pensamento, existe aquela coisa mágica chamada desejo.

Não é uma distorção dos fatos dizer que você é limitado apenas pela profundidade de seus desejos. Quando seus desejos são fortes o suficiente, você parece ter poderes sobre-humanos para realizá-los. Ninguém jamais explicou esse estranho fenômeno da mente, e talvez ninguém jamais o explique, mas se você duvida dele, só precisa experimentar e se convencer.

Se você estivesse em um prédio em chamas e todas as portas e janelas estivessem trancadas, é provável que desenvolvesse força suficiente para quebrar uma porta comum, devido ao seu desejo intenso de se libertar.

Se você quer desenvolver a arte da negociação bem-sucedida, como sem dúvida desejará quando compreender seu significado em relação à realização de seu objetivo principal definido, você a desenvolverá, desde que seu desejo seja suficientemente intenso.

Capítulo 8

Imaginação

NOTA DO EDITOR

A primeira seção do capítulo a seguir é extraída e adaptada de O manuscrito original, *Volume II, Lição Seis.*

Talvez não haja nenhum campo de atuação em que a imaginação desempenhe papel tão importante quanto na arte de vender. O mestre em vendas vê os méritos dos produtos que vende, ou do serviço que está prestando, na própria imaginação, e, se não for assim, não faz a venda.

Há alguns anos, foi realizada uma venda que dizem ter sido a mais abrangente e importante de sua categoria. O objeto da venda não era uma mercadoria, mas a liberdade de um homem que estava confinado na penitenciária de Ohio.

Tudo começou quando fui convidado a falar para os detentos daquela penitenciária. Quando pisei no palco, vi na plateia um homem que tinha conhecido como um empresário de sucesso havia mais de dez anos. Esse homem era Butler R. Storke, cujo perdão mais tarde consegui, e cuja história foi divulgada na primeira página de praticamente todos os jornais dos Estados Unidos. Talvez você se lembre disso.

Depois de completar minha palestra, conversei com o Sr. Storke e descobri que ele havia sido condenado por falsificação ao longo de um período de vinte anos. Depois que ele me contou sua história, eu disse: "Vou tirar você daqui em menos de sessenta dias!".

Com um sorriso forçado, ele respondeu: "Admiro sua disposição, mas questiono seu julgamento. Sabe que pelo menos vinte homens influentes tentaram todos os meios ao seu alcance para me libertar, sem sucesso? Isso é impossível!".

Suponho que tenha sido essa última observação – "é impossível!" – que me desafiou a mostrar a ele que era possível. Voltei para a cidade de Nova York e pedi para minha esposa fazer as malas e se preparar para uma estadia por tempo indeterminado na cidade de Columbus, onde fica a penitenciária de Ohio.

Eu tinha um objetivo definido em mente! O objetivo era tirar o Sr. Storke da penitenciária de Ohio. Não só tinha em mente garantir sua libertação, como também pretendia agir de tal forma que refletisse o crédito de todos que ajudassem nessa empreitada.

Nem uma vez duvidei de que conseguiria sua libertação, pois nenhum vendedor pode fazer uma venda se ele duvidar de que pode realizá-la. Minha esposa e eu voltamos a Columbus e nos instalamos permanentemente.

No dia seguinte, visitei o governador de Ohio e declarei o objetivo de minha visita com as seguintes palavras:

"Governador, vim pedir que liberte o Sr. Storke da penitenciária de Ohio. Tenho bons motivos para pedir sua libertação e espero que dê a ele a liberdade imediata, mas vim preparado para ficar até que ele seja solto, não importa quanto tempo isso demore."

"Durante seu período na prisão, o Sr. Storke abriu uma escola por correspondência na penitenciária de Ohio, como certamente sabe. Ele influenciou 1.729 dos 2.518 detentos da penitenciária a fazerem os cursos. Conseguiu doações suficientes de livros didáticos e material de aula para manter esses homens trabalhando em suas aulas, e fez isso sem gastar um centavo do estado de Ohio. O diretor e o capelão da penitenciária dizem que ele observou cuidadosamente as regras da prisão. Certamente, um homem que pode influenciar 1.729 prisioneiros a dedicarem esforços ao autodesenvolvimento não pode ser um sujeito muito mau."

"Vim pedir que liberte o Sr. Storke porque desejo colocá-lo à frente de uma escola prisional que dará aos 160 mil detentos de outras penitenciárias dos Estados Unidos uma chance de se beneficiar de sua influência. Estou preparado para assumir total responsabilidade por sua conduta depois de sua libertação."

"Esse é o meu caso, mas, antes que me dê sua resposta, quero que saiba que não me esqueci de que seus inimigos provavelmente o criticarão se o libertar. Na verdade, se o dispensar do cumprimento da pena, isso pode custar muitos votos se voltar a se candidatar."

Com os punhos cerrados e o queixo largo contraído, o governador Vic Donahey disse: "Se é isso que quer com o Sr. Storke, vou soltá-lo nem que me custe cinco mil votos. No entanto, antes de assinar o perdão, quero que consulte o Conselho de Clemência e obtenha a recomendação favorável. Também quero que obtenha a recomendação favorável do diretor e do capelão da penitenciária de Ohio. Você sabe que um governador é responsável perante o tribunal da opinião pública, e esses senhores são os representantes desse tribunal".

A venda foi realizada! E toda a transação levou menos de cinco minutos.

No dia seguinte, voltei ao gabinete do governador acompanhado pelo capelão da penitenciária de Ohio e o informei de que o Conselho de Clemência, o diretor e o capelão se uniram para recomendar a libertação. Três dias depois, o perdão foi assinado, e o Sr. Storke atravessou os grandes portões de ferro como um homem livre.

Citei os detalhes para mostrar que não houve nada de difícil na transação. A base para a liberação foi preparada antes de eu entrar em cena. O Sr. Storke fez isso, com sua boa conduta e pelo serviço que prestou àqueles 1.729 prisioneiros. Quando ele criou o primeiro sistema de escola por correspondência do mundo dentro de uma penitenciária, criou a chave que destrancaria as portas da prisão para ele mesmo.

Por que então os outros que pediram sua libertação não tiveram sucesso? Eles falharam porque não usaram imaginação!

Talvez tenham pedido ao governador a libertação do Sr. Storke alegando que seus pais eram pessoas proeminentes, ou por ele ter se formado na faculdade e não ser um mau sujeito. Mas deixaram de fornecer ao governador de Ohio um motivo suficiente para justificar a concessão do perdão.

Antes de ir procurar o governador, examinei todos os fatos e, na minha imaginação, me vi no lugar dele e decidi que tipo de apresentação me agradaria mais intensamente se estivesse em sua posição.

Quando pedi a libertação do Sr. Storke, fiz isso em nome dos 160 mil homens e mulheres infelizes detidos nas prisões dos Estados Unidos que desfrutariam dos benefícios do sistema de escolas por correspondência que ele havia criado. Não disse nada sobre seus pais proeminentes. Não disse nada sobre minha amizade com ele nos anos anteriores. Não disse nada sobre ele ser um sujeito merecedor. Todas essas questões poderiam ter sido usadas como razões sólidas para sua libertação, mas pareciam insignificantes quando comparadas com a razão maior e mais sólida de que sua libertação ajudaria 160 mil outras pessoas que seriam influenciadas por seu sistema de escola por correspondência após sua libertação.

E isso foi imaginação. Também foi uma habilidade de vendedor.

Houve dois fatores importantes na liberação do Sr. Storke. O primeiro foi que ele havia fornecido o material para um bom caso antes de eu assumi-lo, e o segundo foi que, antes de procurar o governador, eu estava tão completamente convencido de que tinha o direito de pedir a libertação do Sr. Storke que não tive dificuldade para apresentar meu caso de maneira eficaz.

O governador percebeu, muito antes de eu declarar minha missão, que eu sabia que tinha um bom caso. Se minha mente não telegrafou esse pensamento diretamente para a dele, então a expressão de autoconfiança em meu rosto e o tom positivo de minha voz tornaram óbvia minha crença nos méritos do caso.

Não fiz nada além de usar minha imaginação como uma sala de montagem na qual reuni os fatores a partir dos quais a venda foi feita. Não fiz nada além do que qualquer vendedor com imaginação poderia ter feito.

Existem milhões de abordagens para cada problema, mas só uma abordagem melhor. Encontre essa melhor abordagem e seu problema será facilmente resolvido. Não importa quanto mérito seus produtos possam ter, existem milhões de maneiras erradas de oferecê-los. Sua imaginação o ajudará a encontrar o caminho certo.

Na busca pela maneira certa de oferecer sua mercadoria ou seus serviços, lembre-se mais uma vez deste traço peculiar da humanidade: as pessoas concederão favores que você pedir em benefício de terceiros quando não os concederiam se fossem solicitados em seu benefício.

Pedi ao governador que libertasse o Sr. Storke não como um favor para mim, não como um favor para o Sr. Storke, mas em benefício dos 160 mil infelizes detentos das prisões dos Estados Unidos.

Os vendedores que têm imaginação sempre oferecem seus produtos com uma terminologia tal que as vantagens desses produtos para o comprador em potencial sejam óbvias. Raramente alguém compra uma mercadoria ou presta um favor a outro apenas para agradar ao vendedor. É um traço proeminente da natureza humana fazermos tudo o que vai ao encontro de nossos próprios interesses.

Para ser bem claro, as pessoas são egoístas!

Compreender a verdade é compreender como apresentar seu caso, seja ele a solicitação da libertação de alguém que está na prisão, seja a venda alguma mercadoria. Em sua imaginação, planeje a apresentação do seu caso de forma que as vantagens mais fortes e impulsionadoras para o comprador fiquem claras. Isso é imaginação.

NOTA DO EDITOR
O trecho a seguir é extraído de material de *O manuscrito original*, Volume II, Lição Seis.

Há alguns anos, recebi uma carta de um jovem que acabara de se formar em uma faculdade de administração e queria conseguir um emprego em meu escritório. Com sua carta, ele enviou uma nota de dez dólares que nunca tinha sido dobrada. A carta dizia o seguinte:

> Acabei de terminar um curso comercial em uma faculdade de administração de primeira linha e quero um cargo em seu escritório, pois sei quanto valeria para um jovem que está começando a carreira ter o privilégio de trabalhar sob a direção de um homem como o senhor.
>
> Se a nota de dez dólares em anexo for suficiente para pagar o tempo que gastaria para me dar as instruções da minha primeira semana, quero que a aceite. Trabalharei no primeiro mês sem salário, e o senhor pode definir meu salário depois disso de acordo com o que eu provar merecer.
>
> Quero este emprego mais do que jamais desejei qualquer coisa em minha vida e estou disposto a fazer qualquer sacrifício razoável para consegui-lo.
>
> Cordialmente...

Esse jovem teve sua chance no meu escritório. Sua imaginação conquistou para ele a oportunidade desejada, e, antes que seu primeiro mês terminasse, o presidente de uma companhia de seguros de vida que soube da história ofereceu ao jovem um emprego como assistente executivo com um salário substancial. Ele é hoje funcionário de uma das maiores seguradoras de vida do mundo.

> *NOTA DO EDITOR*
> *A seguir, várias histórias reais extraídas de* Quem pensa enriquece – A edição do Século 21 *que ilustram a importância da imaginação na venda de uma ideia. Começamos com duas histórias que Napoleon Hill adorava contar em suas palestras e, a seguir, apresentamos histórias mais contemporâneas. Ao ler, tenha em mente que em todos os casos a imaginação desempenha dois papéis distintos: não importa quanto a ideia básica é imaginativa, ela ainda precisa ser vendida de uma forma que exige a mesma imaginação.*

Aos quarenta anos – idade em que o homem ou a mulher comum começam a pensar que estão muito velhos para começar algo novo – James J. Hill ainda trabalhava como operador de telégrafo com um salário de trinta dólares por mês. Ele não tinha capital e não tinha amigos influentes com capital. Mas tinha algo mais poderoso que as duas coisas – ele tinha imaginação.

Em sua mente, ele viu um grande sistema ferroviário que penetraria no noroeste subdesenvolvido e uniria os oceanos Atlântico e Pacífico. Sua imaginação era tão vívida, que ele também foi capaz de fazer outras pessoas verem as vantagens desse sistema ferroviário. Enfatizo a parte da história que a maioria das pessoas nunca menciona – que o sistema da Great Northern Railway de Hill se tornou uma realidade primeiro em sua imaginação.

Essa ferrovia foi construída com trilhos de aço e vigas de madeira, assim como a maioria das outras ferrovias são construídas, e essas coisas foram pagas com capital assegurado da mesma maneira que o capital para todas as ferrovias é assegurado. Mas se você quiser a verdadeira história do sucesso de James J. Hill, deve voltar àquela pequena estação ferroviária do interior onde ele trabalhava ganhando trinta dólares por mês, e lá pegar os pequenos fios que ele teceu até criar uma poderosa ferrovia, com materiais não mais visíveis do que os pensamentos que ele organizou em sua imaginação.

Que grande poder é a imaginação, a oficina da mente, na qual os pensamentos são tecidos em ferrovias, arranha-céus, moinhos, fábricas e todo tipo de riqueza material.

A CHALEIRA ENCANTADA

No final da década de 1880, um velho médico do interior foi até a cidade em sua carroça, amarrou seu cavalo, entrou discretamente em uma drogaria pela porta dos fundos e começou a "negociar" com o jovem vendedor de medicamentos.

Por mais de uma hora, atrás do balcão, o velho médico e o balconista conversaram em voz baixa. Então o médico saiu. Ele foi até a carroça e voltou com uma grande chaleira antiquada, uma grande pá de madeira (usada para mexer o conteúdo da chaleira), e as depositou no fundo da loja.

O balconista inspecionou a chaleira, enfiou a mão no bolso, tirou dele um maço de notas e entregou o dinheiro ao médico. O rolo continha exatamente quinhentos dólares – todas as economias do balconista!

O médico entregou um pequeno pedaço de papel no qual estava escrita uma fórmula secreta. As palavras naquele pequeno pedaço de papel valiam o resgate de um rei. Mas não para o médico. Essas palavras mágicas eram necessárias para fazer a chaleira ferver, mas nem o médico nem o jovem balconista da drogaria sabiam que fortunas fabulosas estavam destinadas a transbordar daquela chaleira.

O que o balconista realmente comprou foi uma ideia!

A velha chaleira, a pá de madeira e a mensagem secreta em um pedaço de papel eram acidentais. O milagre daquela chaleira só começou a acontecer depois que o novo dono misturou às instruções secretas um ingrediente do qual o médico nada sabia.

Continue lendo e descubra o que o jovem acrescentou à mensagem secreta que fez a chaleira transbordar ouro. Aqui você tem uma história de fatos mais estranhos que a ficção – fatos que começaram na forma de uma ideia.

Basta olhar para as vastas fortunas em ouro que essa ideia produziu. Pagou, e ainda paga, enormes fortunas para homens e mulheres em todo o mundo que distribuem o conteúdo da chaleira para milhões de pessoas.

Essa velha chaleira é agora um dos maiores consumidores de açúcar do mundo, proporcionando empregos a milhares de homens e mulheres que se dedicam ao cultivo da cana-de-açúcar e ao refino e comercialização de açúcar.

A velha chaleira consome, anualmente, milhões de garrafas [e latas], proporcionando empregos a um grande número de trabalhadores.

A velha chaleira dá emprego a um exército de escriturários, estenógrafos, redatores e publicitários em todo o país. Trouxe fama e fortuna para muitos artistas que criaram quadros magníficos que descrevem o produto.

A velha chaleira converteu Atlanta, que era uma pequena cidade do sul, na capital dos negócios do sul, onde hoje beneficia, direta ou indiretamente, todas as áreas e praticamente todos os moradores da cidade. A influência dessa ideia agora beneficia todos os países civilizados do mundo, despejando um fluxo contínuo de ouro para todos que a tocam.

O ouro da caldeira constrói e mantém uma das faculdades mais proeminentes do sul, onde milhares de jovens recebem treinamento essencial para o sucesso.

Seja você quem for, onde quer que more, qualquer que seja sua profissão, lembre-se, sempre que vir as palavras Coca-Cola, de que seu vasto império de riqueza e influência nasceu de uma única ideia. E essa ideia – o ingrediente misterioso que o balconista Asa Candler misturou à fórmula secreta – era... imaginação!

NOTA DO EDITOR

Harlan Sanders também tinha uma receita e uma chaleira mágica. Na verdade, sua chaleira era uma panela de pressão, mas nem seu fogão nem sua receita de onze ervas e temperos seriam mencionados aqui se ele também não tivesse imaginação.

Harlan Sanders era proprietário e administrador de um motel e café de sucesso em Corbin, Kentucky. Então, quando a nova rodovia interestadual passou por lá, ela desviou do endereço de Sanders. Em pouco tempo seu negócio faliu, deixando-o com pouco mais que sua receita de frango frito e uma maneira de prepará-lo rapidamente na panela de pressão.

Aos 62 anos, o Coronel, como as pessoas o chamavam, teve que encontrar uma nova maneira de ganhar a vida. Foi quando o ingrediente mágico, a imaginação, entrou em ação. Ele decidiu que não ia mais vender frango frito; em vez disso, venderia seu método para prepará-lo. Ele guardou a receita e o fogão no bagageiro do carro e pegou a estrada para mostrar seu frango frito para outros donos de restaurantes. Nos primeiros dois anos, conseguiu vender cinco franquias. Dois anos depois, tinha vendido duzentas. Quatro anos depois, eram seiscentas localidades, quando ele foi abordado por um grupo de investimentos interessado em convencê-lo a vender sua empresa.

Reconhecendo que a magia não estava apenas na chaleira ou na receita, os novos proprietários convidaram o Coronel Sanders para permanecer como porta-voz da empresa, o que ele fez até morrer, em 1980. Hoje existem quase doze mil lojas KFC em mais de oitenta países, com vendas de quase US$ 10 bilhões por ano.

Debbie Fields era uma dona de casa de vinte anos que adorava fazer biscoitos. Ela não tinha educação formal e nenhuma experiência em negócios, mas tinha uma receita e uma ideia criativa de que as pessoas gostariam de comprar biscoitos frescos, quentes e macios em uma loja ambulante.

Os empresários e banqueiros que ela abordou disseram que ela estava louca, mas ela e o marido continuaram levando a ideia de banqueiro em banqueiro, até que finalmente convenceram um deles a conceder um empréstimo para Debbie Fields abrir uma loja em Palo Alto, Califórnia. Ao meio-dia de seu primeiro dia, ela ainda não tinha vendido um biscoito, então foi para a rua e distribuiu amostras. Isso foi o suficiente. Sua loja de degustação de biscoitos decolou.

Hoje as lojas da Sra. Fields estão por toda a América, a Harvard Business School usa seus métodos como um estudo de caso em eficiência, e Debbie Fields se tornou autora de best-sellers, palestrante motivacional requisitada e personalidade da televisão.

Wally "Famous" Amos era um agente de talentos de Los Angeles que copiou uma receita de biscoito da parte de trás de um pacote de Gotas de Chocolate da Nestlé. Ele fez algumas alterações para personalizar a receita e passou a distribuir sua versão dos biscoitos caseiros como uma espécie de cartão de visitas.

Seus clientes e parceiros de negócios gostaram tanto que Wally finalmente decidiu deixar o show business e abrir uma loja. Ele fez isso com o talento de um agente de Hollywood. Inaugurou no Sunset Boulevard, com dois mil convites, tapete vermelho e celebridades. Com o mesmo talento, colocou sua foto na sacola, encheu as sacolinhas de biscoitos e começou a vendê-las em lojas de departamentos e lojas especializadas exclusivas. Apenas dez anos depois, a Famous Amos Cookies era uma empresa de US$ 10 milhões.

Ray Kroc tinha mais de cinquenta anos e vendia misturadores de milk-shake quando ouviu falar de uma barraca de hambúrguer na Califórnia, que pertencia a Dick e Mac McDonald e estava fazendo ótimos negócios. Ele preparou seu carro e foi a San Bernardino para dar uma olhada.

O que ele viu foi um restaurante com um cardápio limitado e uma boa receita de hambúrguer, e com um serviço mais rápido do que qualquer outro lugar que ele já tinha visto. Imaginando que, se houvesse mais lugares como aquele, ele poderia vender muitos misturadores de milk-shake, Kroc sugeriu aos irmãos McDonald a ideia de abrir mais alguns McDonald's. Eles se interessaram, mas não sabiam quem poderiam contratar para abrir os novos restaurantes.

Dessa vez, era uma receita e uma grelha mágica, mas ainda faltava um ingrediente extra – imaginação. Na mesma hora, Ray Kroc se ofereceu para trabalhar com eles e abrir os restaurantes ele mesmo. Seguindo os sinais dos Arcos Dourados, a imaginação de Ray Kroc rendeu bilhões em hambúrgueres vendidos.

Em 1982 Howard Schultz foi trabalhar como diretor de marketing para um pequeno importador-atacadista de café chamado Starbucks, que tinha apenas uma loja no Pike Place Market de Seattle.

Durante uma viagem à Itália, Schultz pensou que a cultura dos cafés que via em Milão poderia ser transposta para a cena do centro de Seattle. Ele convenceu a empresa a tentar. Sua ideia para o café foi um sucesso tão grande, que Schultz saiu e levantou o dinheiro para comprar a empresa. Cinco anos depois de ingressar na Starbucks, ele era CEO de uma empresa com dezessete lojas.

Quinze anos depois, a cultura do café de Schultz estava presente em quase todos os cantos da América, e havia mais de sete mil Starbucks em todo o mundo.

Como um exemplo final dessas histórias sobre imaginação e vendas, oferecemos o molho para salada de Paul Newman. Pois bem, parece que não é preciso muita imaginação ou habilidade de vendas para uma grande celebridade colocar seu nome em um produto, e foi isso que Newman pensou também. Mas quando ele e seu parceiro, A. E. Hotchner, apresentaram sua ideia de molho para salada a empresas especializadas em marketing de alimentos, ninguém se interessou, a menos que eles investissem cerca de US$ 1 milhão para as operações no primeiro ano. De acordo com o livro de Newman e Hotchner, Shameless Exploitation in Pursuit of the Common Good, *eles descobriram que quase todos os produtos de celebridades no ramo de alimentos fracassaram de maneira desastrosa, e agora ninguém queria saber deles.*

Então, quando se tratava de comercializar molho para salada, nem o grande nome de Paul Newman era a magia de que precisavam. E, a menos que estivessem dispostos a investir uma quantia ridícula, o dinheiro também não era a mágica. A magia teria que estar na maneira criativa de convencer as pessoas certas a ajudá-los e na perseverança para insistir até o sucesso. E, assim como acontece com quase todo mundo que tem uma ideia, disseram que eles eram loucos por tentar. Eles foram rejeitados por empresas de engarrafamento, que não faziam pequenas quantidades, e foram rejeitados por distribuidores, que não se arriscariam com outro produto de celebridade.

No final, foi o dono de um supermercado, Stew Leonard, que ajudou a conectá-los aos fornecedores certos. Mas nem isso teria sido suficiente se Stew Leonard não tivesse imaginação suficiente para ver as possibilidades e aceitar colocar o molho para salada de Newman nas prateleiras de sua loja. Quinze anos depois, a Newman's Own Brands era uma empresa de US$ 100 milhões (que doa todos os lucros para instituições de caridade).

IMAGINAÇÃO VENDE

Você nunca saberá qual é sua capacidade de realização até aprender a combinar seus esforços com a imaginação. O que suas mãos produzem, sem imaginação, só vai render um pequeno retorno. Mas essas mesmas mãos, quando devidamente guiadas pela imaginação, podem render toda a riqueza material de que você precisa.

Se você é um daqueles que acreditam que só o trabalho árduo e a honestidade trazem riquezas, esqueça! Não é verdade. As riquezas, quando vêm em grandes quantidades, nunca são resultado apenas de trabalho árduo. As riquezas vêm, se é que vêm, em resposta a demandas definidas com base na aplicação de princípios definidos – e não por acaso ou sorte.

De um modo geral, uma ideia é um pensamento que o leva a agir por apelar à sua imaginação. Todos os mestres em vendas sabem que as ideias podem ser vendidas onde as mercadorias não podem. Os vendedores comuns não sabem disso. É por isso que eles são "comuns".

Um editor de livros baratos fez uma descoberta que valeu muito para as editoras. Ele descobriu que muitas pessoas compram títulos, e não o conteúdo dos livros. Simplesmente mudar o título de um livro que não saía do lugar fez suas vendas aumentarem mais de um milhão de cópias. O interior do livro não sofreu nenhuma alteração. Ele simplesmente arrancou a capa e colocou uma nova com um título que tinha apelo de "bilheteria".

Isso, por mais simples que possa parecer, foi uma ideia. Foi imaginação. Não existe um preço padrão para as ideias. O criador de ideias define seu preço e, se for inteligente, o recebe.

NOTA DO EDITOR

Para os leitores que pensam que substituir a capa de um livro é muito simples, ou que não poderiam fazer isso de qualquer maneira porque não são editores, lembramos que, se você tivesse essa ideia simples antes de o editor tê-la tido, ele provavelmente ficaria feliz em lhe vender aqueles livros encalhados por centavos de dólar. Então você poderia ter mudado a capa e, de repente, seria o editor de um best-seller. No entanto, a ideia de substituir as capas não teria significado nada se você também não tivesse ideias sobre como comercializar, promover e vender aquela nova capa chamativa. E esse é o ponto de Hill. A Coca-Cola era uma receita, uma ideia criativa, mas teria permanecido apenas uma receita se Asa Candler também não tivesse outras ideias criativas para comercializá-la e a fé em si mesmo para levar adiante essas ideias.

Spence Silver era um químico que trabalhava para a 3M quando, por acidente, criou uma cola que não era muito pegajosa. Desnecessário dizer que a 3M não ficou muito interessada em uma cola que não grudava, e a invenção de Silver foi considerada um fracasso. Mas Silver gostou de sua cola, e durante cinco anos ele continuou demonstrando o produto para qualquer um que quisesse ouvi-lo.

Ninguém queria, até Arthur Fry, que trabalhava na divisão de fitas da 3M, descobrir que, quando estava no ensaio do coro, perdia a página no hinário porque os pedaços de papel que usava para marcá-la escorregavam ou caíam do livro. Um pouco da cola não muito pegajosa de Silver nas tiras de papel, e elas ficavam onde ele queria, e depois se desprendiam facilmente quando ele terminava. Esse foi o momento eureca. Eles tinham acabado de inventar o melhor marcador do mundo: Post-its.

Mas esse não é o fim da história, ou o fim das ideias imaginativas que foram necessárias para fazer os Post-its acontecerem. Fry também precisaria de perseverança. Primeiro, ele teve que convencer os engenheiros a resolver problemas de produção e, para isso, abriu um buraco na parede do porão para poder instalar um protótipo do equipamento de produção. Ele insistiu e, finalmente, dois anos depois, a 3M entregou o projeto ao departamento de marketing. Os especialistas em marketing montaram anúncios e brochuras vendendo essa ideia de "bloco de notas adesivas" e lançaram o produto em um teste de quatro cidades. Os resultados foram um desastre. Ninguém "entendeu", então ninguém comprou. Quem pagaria por papel de rascunho?

O projeto Post-it estava prestes a ser descartado quando Geoffrey Nicholson e Joseph Ramey acrescentaram a ele sua imaginação. Como Silver e Fry, Nicholson e Ramey acreditavam na ideia porque viam como as pessoas em seus escritórios adoravam esses pedaços de papel adesivo assim que começavam a trabalhar com eles. Então, Nicholson e Ramey foram para Richmond, Virgínia, uma das quatro cidades onde o teste tinha fracassado, e percorreram o distrito comercial entrando em escritórios e dando blocos de Post-its para recepcionistas, secretárias e qualquer outra pessoa que quisesse ouvi-los.

Se a máquina de marketing convencional da 3M havia falhado, dar Post-its para as pessoas que realmente os usariam funcionou. Depois que os funcionários de Richmond começaram a usar Post-its, não parecia uma má ideia pagar pelo papel de rascunho. Eles "entenderam" e compraram. O teste de Richmond foi do fracasso ao sucesso, e logo os Post-its estavam colando em tudo ao redor do mundo.

Aqui está outra ideia simples que a imaginação e a habilidade de vendas transformaram em sucesso. Esta história começou com um homem cujo problema era exatamente o oposto ao de Spence Silver. Ele tinha algo que grudava bem demais.

George de Mestrel era um montanhista suíço que um dia foi caçar com seu cachorro. Quando chegaram em casa, os dois estavam cobertos de carrapichos. Aquelas coisas eram tão difíceis de remover, que De Mestrel as colocou sob uma lupa para saber por quê. Ele viu que eram recobertas com pequenos ganchos que se prendiam à pele e ao tecido. Foi então que aconteceu o flash: se os fragmentos ficavam presos onde ninguém os queria, por que não colocar ganchos minúsculos nas coisas para que grudassem onde você as queria?

Como todas as outras pessoas mencionadas neste livro, de Mestrel teve uma ideia criativa. Mas aquilo foi só o início. Ele também tinha fé em si mesmo para continuar quando as pessoas riram de sua ideia, o que muitos fizeram, até que ele finalmente encontrou uma fábrica têxtil francesa que o ajudaria a fazer o que ele queria. No entanto, mesmo quando finalmente descobriram um jeito de usar o tecido de algodão para fazer o que chamaram de "fita de fechamento", eles não puderam arcar com o custo de produzi-la em massa. E foi quando De Mestrel acidentalmente descobriu que, quando se costura náilon sob luz infravermelha, ele naturalmente cria pequenos ganchos. Agora que podiam fabricá-lo por um custo mais baixo, só precisavam de um nome. Um lado era felpudo como veludo, e o outro era crochê, a palavra francesa para gancho. Pegue meio "vel" e meio "cro", combine com imaginação, e o resultado é Velcro, e um alpinista suíço se torna um magnata dos negócios.

Clarence Saunders era balconista de uma pequena loja varejista no sul. Um dia ele estava parado com uma bandeja nas mãos, esperando sua vez em um refeitório. Até então ele nunca tinha ganhado mais que vinte dólares por semana, e ninguém notava nele qualquer coisa que indicasse habilidade incomum, mas algo aconteceu em sua mente enquanto ele estava na fila esperando, algo que colocou sua imaginação para funcionar. Foi quando ele teve a ideia de que esse mesmo conceito de autosserviço também deveria funcionar no supermercado.

Clarence Saunders levou a ideia ao chefe. Naturalmente, o chefe disse que ele estava louco. Portanto, Saunders saiu do emprego e foi fazer o que era preciso para levantar o dinheiro e abrir a primeira mercearia de autoatendimento. Ele a chamou de Piggly Wiggly, e Clarence Saunders, o balconista que ganhava vinte dólares por semana, rapidamente se tornou o supermercadista de uma rede multimilionária da América.

Sylvan Goldman era dono de várias lojas Piggly Wiggly em Oklahoma e, como qualquer bom empresário, passava muito tempo observando os clientes indo e voltando pelos corredores, colocando os produtos escolhidos em suas sacolas de palha ou rede. Uma noite, enquanto tentava descobrir como fazer os clientes comprarem mais de cada vez, ele se viu olhando para uma cesta no assento de uma cadeira dobrável de madeira. Eureca! Ele chamou seu mecânico, Fred Young, eles colocaram umas rodas embaixo dos pés da cadeira, acrescentaram outra cesta embaixo do assento e nasceu o carrinho de compras.

Enquanto esta edição está sendo preparada para publicação, existem cerca de 35 milhões de carrinhos de compras na América, e aproximadamente 1,25 milhão de novos carrinhos são vendidos a cada ano.

Thomas Stemberg era outro executivo de supermercado que observava seus clientes enquanto eles faziam compras. A essa altura, os carrinhos de compras já estavam bem estabelecidos nos supermercados, e foi porque seus clientes os empurravam para cima e para baixo nos corredores que ele teve um lampejo de inspiração. Ele tinha tanta certeza de sua ideia que convenceu outro executivo de supermercado, Leo Kahn, a se juntar a ele. Juntos, eles pegaram o conceito de supermercado, aplicaram-no à venda de material de escritório e, em 1986, abriram sua primeira loja em Brighton, Massachusetts. Eles a chamaram de Staples.

Em 1989 abriram o capital da empresa, e, dez anos depois, havia mais de mil Staples, com receitas superiores a US$ 7 bilhões.

Vamos concluir esta Nota do Editor com outro conjunto de histórias relacionadas que mostram que, às vezes, a parte mais criativa do marketing está no tempo.

Se você fosse fazer compras no final dos anos 1800, normalmente teria que negociar com um comerciante que retiraria as mercadorias das prateleiras de armazenamento mantidas atrás do balcão. Na década de 1870, o preço afixado começava a ser usado pelos lojistas. Os comerciantes testavam a ideia montando uma mesa de produtos com o mesmo preço, geralmente cinco centavos.

Frank Winfield Woolworth era balconista de um armazém e convenceu o dono da loja a deixá-lo experimentar a ideia da mesa de cinco centavos. Embora tenha funcionado, o proprietário não ficou impressionado. Assim, Woolworth pediu emprestados US$

350 ao chefe e, em 1879, abriu sua primeira loja Five Cents, em Utica, Nova York. Era uma loja inteira cheia de mercadorias que custavam cinco centavos. Um ano depois, ele tinha quatro lojas, e a quarta, em Lancaster, Pensilvânia, foi a primeira que ele chamou de Loja de cinco e dez centavos de F. W. Woolworth. Vinte anos depois, ele tinha 238 lojas. Na época de sua morte, em 1919, havia mais de mil lojas F. W. Woolworth, ele havia estabelecido a primeira rede nacional de lojas de mercadorias em geral e construído o prédio mais alto da cidade de Nova York como sua sede.

A empresa Woolworth manteve-se fiel à ideia original e não vendeu nenhuma mercadoria que custasse mais que dez centavos até 1932, quando o preço máximo foi aumentado para vinte centavos. Mas, com a mudança dos tempos, o preço fixo foi abandonado, a mercadoria ficou mais variada, e a empresa continuou crescendo até ter mais de 8.000 lojas em todo o mundo, vendendo de tudo, desde miudezas e acessórios até móveis. Então, na década de 1960, algo começou a acontecer. O clima da América estava mudando, mas as lojas Woolworth, não. E foi então que, em 1962, Sam Walton abriu o primeiro Walmart, em Rogers, Arkansas.

Walton entrou no ramo do varejo após a Segunda Guerra Mundial, quando seu sogro emprestou a ele o dinheiro para comprar uma loja franqueada da Butler Brothers em Bentonville, Arkansas. Em 1962, Sam e seu irmão Bud tinham dezesseis lojas de variedades em Arkansas, no Missouri e Kansas. Foi nessas lojas que Sam Walton começou a adicionar o ingrediente mágico da imaginação. Além de seu talento para promoção, Sam tentou novas abordagens para como os produtos domésticos e em geral podiam ser vendidos no varejo. Ele insistiu em interiores limpos e bem iluminados e introduziu o conceito de autosserviço, com corredores largos o suficiente para carrinhos de compras e balcões de caixa na frente da loja. Ele também começou a comprar diretamente dos fabricantes e criou planos de participação nos lucros que mantiveram sua família de funcionários leal, trabalhadora e atenciosa.

Em 1962 ele incorporou essas e outras ideias imaginativas ao abrir a primeira loja Walmart. A magia básica era vender mercadorias de marca a preços com desconto, mas também havia mágica na maneira como ele mantinha um ambiente amigável de cidade natal em sua loja, embora ela fosse o que hoje é chamado de loja bigbox.

A loja Walmart de Sam Walton era um sucesso. Então, ele continuou construindo e abrindo mais delas. Primeiro em pequenas cidades e áreas rurais, depois em cidades maiores, depois em cidades grandes, e não demorou muito para que ele tivesse uma rede nacional. Em 1992, quando Sam Walton morreu, havia mais de 1.700 lojas Walmart, a rede era a maior varejista do país, empregava mais de 600 mil pessoas, e Sam Walton era o homem mais rico da América. Em 2003 as lojas somavam mais de 3.200 nos EUA e mais de 1.100 em países estrangeiros, a empresa empregava mais de 1,3 milhão de pessoas em todo o mundo e atendia a mais de um milhão de clientes por semana.

Ao longo do caminho, a Woolworth's e outros varejistas mais antigos, como a Kresge's, tentaram entrar no movimento com suas lojas Woolco e Kmart, mas não conseguiram acertar. Eles haviam desistido de sua antiga identidade de cinco centavos para se tornarem varejistas mais caras, e, quando o Walmart apareceu e redefiniu essa parte do mercado, os outros pareciam ter perdido o tipo de imaginação que tinham no início.

Agora, aqui está a reviravolta na história. David Gold administrava uma loja de bebidas que havia herdado do pai. Ele percebeu que, sempre que colocava em exposição produtos com *preços de 98 centavos ou US$ 1, os produtos vendiam bem, mas, se o cartaz dizia 99 centavos, os produtos se esgotavam em pouco tempo. Ele decidiu que abriria uma loja chamada The 99 Cents Only Store, onde tudo custaria 99 centavos.*

Parece familiar? A ideia criativa de Frank Woolworth de 1879, que tinha sido abandonada em sua rede homônima nas décadas de 1940 e 1950, acabava de receber uma nova injeção de imaginação de David Gold em 1982.

Como de costume, amigos e familiares disseram que ele era louco, mas David Gold saiu em busca de fornecedores que vendessem mercadorias descontinuadas ou produtos produzidos em excesso por um preço baixo o suficiente para que ele pudesse oferecê-los ao público a 99 centavos. Ele os encontrou. E eles inclusive tinham produtos de marca que incluíam de tudo, de ferramenta a meia-calça, produtos de limpeza, óleo de motor, utensílios de cozinha, cosméticos, eletrônicos, brinquedos, produtos enlatados, alimentos congelados, biscoitos, frutas frescas e até alimentos gourmet – mais de cinco mil itens que ele poderia vender por 99 centavos e ainda assim ter lucro!

David Gold abriu sua primeira loja com corredores largos, bem iluminada e colorida em verde e fúcsia em Inglewood, Califórnia, em 1982. Em 2003 ele tinha 142 lojas na Califórnia, Nevada e Arizona e era relacionado pela Forbes 400 como dono de uma fortuna pessoal estimada em mais de US$ 650 milhões.

Como Napoleon Hill escreveu sobre a criação da Piggly Wiggly: "Onde nessa história você vê o menor indício de algo que não poderia ser duplicado? O plano, que rendeu milhões de dólares para seu criador, era uma ideia muito simples que qualquer um poderia ter adotado, mas foi necessária uma imaginação considerável para colocar a ideia para funcionar de uma forma prática. Quanto mais simples e facilmente adaptável for uma ideia, maior será seu valor, pois ninguém está à procura de ideias que sejam muito detalhadas ou de alguma forma complicadas".

IMAGINAÇÃO NO CENTRO

Este capítulo sobre imaginação pode ser considerado o centro deste curso. Assim como todos os fios telefônicos levam à central onde está sua fonte de energia, todas as outras lições do curso conduzem a esta lição e fazem uso do princípio no qual ela se baseia.

Os materiais com os quais você constrói seu objetivo principal definido são montados e combinados em sua imaginação. A autoconfiança, a iniciativa e a liderança devem ser criadas em sua imaginação antes que se tornem realidade, pois é na oficina da imaginação que você coloca em ação o princípio da autossugestão ao criar essas qualidades necessárias.

Assim como o carvalho se desenvolve a partir do germe que está na bolota e o pássaro se desenvolve a partir do germe que está adormecido no ovo, também suas realizações materiais crescerão a partir dos planos organizados que você cria em sua imaginação. Primeiro vem o pensamento; a seguir, a organização desse pensamento em ideias e planos; depois, a transformação desses planos em realidade. O começo, como você vai observar, está na sua imaginação.

Você nunca terá um objetivo definido na vida, nunca terá autoconfiança, nunca terá iniciativa e liderança a menos que primeiro crie essas qualidades em sua imaginação e se veja de posse delas.

A imaginação é interpretativa e criativa por natureza. Ela pode examinar fatos, conceitos e ideias, e pode criar novas combinações e planos a partir deles.

NOTA DO EDITOR

Algumas das empresas mais bem-sucedidas começam quando um empreendedor, valendo-se de sua educação, experiência e observações, pega uma ideia de uma fonte e dá a ela uma nova aplicação.

Foi exatamente isso que aconteceu com Ruth Handler. Ela e o marido, junto com outro sócio, haviam fundado uma pequena empresa de manufatura que evoluiu para a fabricação de brinquedos. O sucesso de seus negócios dependia de novas ideias de brinquedos.

Observando a filha brincar, Ruth Handler percebeu que ela estava fascinada com os livros de recortar que traziam bonecas de papel representando adolescentes ou mulheres profissionais, para as quais ela podia recortar roupas. Ela também sabia que as meninas adoravam brincar de se vestir com roupas de adulto. Essas ideias (retiradas da educação, experiência e observações de Ruth Handler) se juntaram em sua imaginação e surgiram como uma nova ideia: Ruth Handler anunciou que eles deveriam fazer uma boneca adolescente com aparência real. Não uma boneca de papel, mas uma boneca adulta real, tridimensional, com a silhueta de uma mulher, e eles também podiam fazer roupas de adulto em tamanho adequado para que as meninas pudessem brincar de vestir a boneca.

Em homenagem à fonte de inspiração, Ruth Handler deu à nova boneca o nome de sua filha – Barbie.

Por mais óbvio que pareça agora, antes de Ruth Handler, ninguém teve imaginação para fazer e comercializar uma boneca que se parecesse com uma mulher. E certamente ninguém nunca tinha feito coleções intermináveis de roupinhas femininas minúsculas para uma boneca usar.

Mary Kay Ash aproveitou a ideia de mulheres administrando os próprios negócios e acrescentou a ideia das vendas de porta em porta. Anita Roddick pegou a tendência dos ingredientes totalmente naturais, combinou-os com os cosméticos e criou o império The Body Shop. Bernard Marcus e Arthur Blank pegaram o conceito de supermercado, combinaram com loja de ferramentas e criaram o Home Depot. Thomas Sternberg e Leo Kahn fizeram a mesma coisa com materiais de escritório e lançaram a Staples. Depois que as conexões são feitas, pode parecer óbvio, mas fazer essas conexões supostamente óbvias trouxe sucesso significativo para muitas pessoas.

Você deve aprender a focar a imaginação e a agir de acordo com as ideias que desenvolver. Esse não é um processo que acontece da noite para o dia; uma ideia de marketing multimilionária não surgirá na sua cabeça amanhã só porque você deseja. Na maioria das pessoas, a imaginação costuma ser prejudicada por duas coisas.

Primeiro, não é focada de maneira útil. Ela voa de objeto em objeto, impulsionada por circunstâncias. Hoje sua imaginação pode ser estimulada por um filme que você viu, amanhã por uma manchete de jornal e no dia seguinte por uma conversa que você ouve por acaso. Seus poderes estão espalhados.

Ou, em segundo lugar, ela pode ser escravizada pelos seis medos básicos, criando visões de alguma doença rara e temida, um desastre no trabalho ou uma traição romântica. Em tais situações, seus poderes estão em ação, mas apenas em seu detrimento.

Se você começar a concentrar a imaginação, não vai demorar muito para ter muitas pequenas ideias de surpreendente utilidade. À medida que você começa a aplicar essas ideias, a confiança em sua imaginação e em você mesmo aumentará.

Os empregos mais desejáveis e mais bem remunerados são aqueles que pessoas imaginativas podem criar para elas mesmas. Use sua imaginação para descobrir maneiras e meios de estimular os negócios e você poderá definir o próprio salário.

A imaginação carrega o preço mais alto de qualquer habilidade. Sempre tem mercado, e não tem limitações de valor. As depressões nos negócios não destroem o mercado da imaginação. Na verdade, os tempos difíceis aumentam a demanda por imaginação. O mundo precisa de homens e mulheres que usem a imaginação.

Esta é uma era de mudanças rápidas nos negócios. É uma época feita sob medida para homens e mulheres que usam a imaginação. Nem todas as novas ou melhores maneiras de fazer negócios foram encontradas. Essa necessidade é sua oportunidade. Use a imaginação e converta essa oportunidade em fortuna. Crie alguma ideia nova e única que seja sólida – e venda-a.

Pegue as deficiências do negócio em que você trabalha e use a imaginação para fazê-lo funcionar melhor. Use a imaginação para criar uma maneira de melhorar alguma parte de qualquer negócio que você conheça, e logo encontrará um lugar para si mesmo.

Use o seu tempo livre criando algum plano que vai melhorar seu trabalho ou aumentar os negócios de seu empregador. Você pode se tornar indispensável dessa forma. A indispensabilidade exige um preço alto e rende permanência no emprego em todos os momentos.

NOTA DO EDITOR

O segmento a seguir é extraído e adaptado de O manuscrito original, *Volume II, Lição Seis.*

Existem duas maneiras pelas quais você pode lucrar com a imaginação. Você pode desenvolver essa faculdade na própria mente ou aliar-se àqueles que já a desenvolveram. Andrew Carnegie fez as duas coisas. Ele não só fez uso da imaginação fértil, como também reuniu ao seu redor um grupo de especialistas cuja imaginação corria em várias direções. Na aliança de MasterMind do Sr. Carnegie, havia homens cuja imaginação se concentrava no campo da química, outros que se especializavam em finanças e ainda outros cuja imaginação era mais adequada para a habilidade de vendedor.

Dizem que o Sr. Carnegie fez mais milionários entre seus funcionários do que qualquer outro empregador no ramo do aço. Entre os que ele enriqueceu estava Charles M. Schwab, conhecido como o vendedor mais capaz da equipe do Sr. Carnegie.

O fato de Schwab trabalhar para outra pessoa não significava que ele fosse menos imaginativo. Na verdade, pode-se dizer que ele demonstrou a mais sólida imaginação pelo bom senso de se aliar ao Sr. Carnegie. Não é um retrocesso servir na qualidade de funcionário. Ao contrário, muitas vezes esse se mostra o lado mais lucrativo de uma aliança, uma vez que nem todos estamos preparados para assumir a responsabilidade de dirigir outras pessoas.

Se você sentir que sua imaginação não está gerando o tipo de ideias criativas que você gostaria, leia novamente o conselho oferecido no capítulo sobre o MasterMind e considere formar uma aliança com alguém cuja imaginação você respeita e que pode levá-lo a ser mais imaginativo também.

NOTA DO EDITOR

Há numerosos livros e audiolivros especificamente projetados para ajudar a estimular a imaginação e criar soluções para problemas: Super Creativity, *de Tony Buzan;* The Artist's Way, *de Julia Cameron;* Lateral Thinking, Six Thinking Hats *e* Super Thinking, *todos de Edward De Bono;* Drawning on the Right

Side of the Brain, *de Betty Edwards;* The Zen of Seeing, *de Frederick Franck;* Writing Down the Bones, *de Natalie Goldberg;* Peak Learning, *de Ronald Gross;* Thinkertoys, *de Michael Michaiko;* Superlearning, *de Sheila Ostrander e Lynn Schroeder;* Writing the Natural Way, *de Gabriele Rico;* A Kick in the Seat of the Pants, *de R. von Oech. Existem também vários programas de computador projetados para estimular novas ideias e criatividade.*

Capítulo 9

Autoconfiança

NOTA DO EDITOR

A primeira seção do capítulo a seguir é extraída de O manuscrito original, *Volume I, Lição Três.*

Um dos maiores vendedores que este país já viu foi um dia um funcionário de uma redação de jornal. Vale a pena analisar o papel da autoconfiança no método pelo qual ele conquistou o título de "maior vendedor do mundo".

Ele era um jovem tímido com uma natureza mais ou menos retraída. Era um dos que acreditam ser melhor entrar pela porta dos fundos e sentar-se no fundo do palco da vida. Certa noite, ele assistiu a uma palestra sobre o tema desta lição, autoconfiança, e essa palestra o impressionou tanto que ele deixou a sala de aula com a firme determinação de sair da rotina em que havia caído.

Ele foi até o gerente de negócios do jornal, pediu o cargo de vendedor de publicidade e foi atendido, com pagamento em sistema de comissão. Todos no escritório esperavam vê-lo fracassar, já que esse tipo de mestre em vendas precisa ter o tipo mais positivo de habilidade em vendas. Ele foi para sua sala e fez uma lista de certos comerciantes que pretendia visitar.

Era de se esperar que naturalmente fizesse sua lista com nomes de pessoas a quem acreditava que poderia vender com o mínimo esforço, mas ele não fez nada disso. Relacionou apenas nomes de comerciantes que outros vendedores procuraram e a quem não conseguiram vender um único anúncio. Sua lista tinha apenas doze nomes.

Antes de fazer uma única ligação, ele foi ao parque da cidade, pegou a lista de doze nomes e a leu mais de cem vezes, dizendo a si mesmo: "Você vai comprar um espaço publicitário vendido por mim antes do fim do mês". E então ele começou a fazer as ligações.

No primeiro dia, ele fechou vendas com três dos doze "impossibilidades". Durante o resto da semana, vendeu para outros dois. No final do mês, havia vendido cotas de publicidade a todos, exceto um dos comerciantes da lista. No mês seguinte ele não fez vendas, porque não fez ligações, exceto para aquele comerciante obstinado.

Todas as manhãs, quando a loja abria, ele estava lá para falar com esse comerciante, e todas as manhãs o comerciante dizia não. O comerciante sabia que não iria comprar espaço publicitário, mas esse jovem não sabia disso. Quando o comerciante dizia não, o jovem não ouvia; ele continuava voltando. No último dia do mês, depois de ter dito não àquele jovem persistente trinta vezes consecutivas, o comerciante disse: "Olha aqui, meu jovem, você desperdiçou um mês inteiro tentando vender para mim. O que eu gostaria de saber é: por que perdeu seu tempo?".

"Não desperdicei meu tempo", ele retrucou. "Tenho frequentado a escola, e você tem sido meu professor. Agora conheço todos os argumentos que um comerciante pode usar para não comprar e, além disso, tenho exercitado a autoconfiança."

Então o comerciante disse: "Vou fazer uma pequena confissão. Eu também tenho ido à escola, e você tem sido meu professor. Você me ensinou uma lição de persistência que vale dinheiro para mim, e, para mostrar minha gratidão, vou pagar a mensalidade comprando um espaço publicitário".

E foi assim que a melhor conta de publicidade do *Philadelphia North American* foi criada. Essa venda também marcou o início de uma reputação que desde então tornou o jovem milionário. Ele teve sucesso porque carregou deliberadamente a própria mente com autoconfiança suficiente para torná-la uma força irresistível.

Quando ele se sentou para fazer essa lista de doze nomes, fez algo que 99% das pessoas não fariam – selecionou os nomes daqueles que acreditava que seriam difíceis para vender, porque entendia que da resistência que encontraria ao tentar vender para eles também viriam a força e a autoconfiança.

AUTOCONFIANÇA COMEÇA EM CASA

O trecho a seguir é de *O manuscrito original*, Volume I, Lição Três.

Depois de analisar mais de 16 mil pessoas, a maioria delas casada, aprendi algo que pode ser valioso. Você tem o poder de mandar seu cônjuge para o trabalho, negócio ou profissão todos os dias com um sentimento de autoconfiança que o levará ao sucesso nos momentos difíceis do dia e o trará de volta para casa à noite sorridente e feliz.

Um homem que conheço bem casou-se com uma mulher que tinha dentadura postiça. Um dia, sua esposa deixou cair os dentes e quebrou o prato. O marido recolheu as peças e começou a examiná-las. Ele demonstrou tanto interesse por elas, que a esposa disse: "Você poderia fazer uma dentição como essa, se decidisse".

Esse homem era um fazendeiro cujas ambições nunca o levaram além dos limites de sua pequena fazenda, até que a esposa fez esse comentário. Ela se aproximou, colocou a mão em seu ombro e o incentivou a tentar a odontologia. Finalmente o persuadiu a dar o primeiro passo, e, por causa do incentivo e da autoconfiança dela, ele se tornou um dos dentistas mais proeminentes e bem-sucedidos do estado da Virgínia. Eu o conheço bem, pois ele é meu pai.

Ninguém pode prever as possibilidades de realização disponíveis para o homem ou mulher cujo parceiro apoia e incentiva esforços maiores e melhores. É seu direito e seu dever estimular seu cônjuge até que ele encontre um lugar apropriado no mundo. Você pode induzi-lo a se esforçar mais do que qualquer outra pessoa no mundo. Faça-o acreditar que nada dentro do razoável está além de seu alcance, e você terá prestado um serviço de grande utilidade para vencer a batalha da vida.

Um dos homens mais bem-sucedidos em seu ramo na América dá todo o crédito de seu sucesso à esposa. Quando eles se casaram, ela escreveu um credo que assinou e colocou sobre sua mesa. Eis o que dizia:

Eu acredito em mim mesmo. Eu acredito em quem trabalha comigo. Eu acredito em meu empregador. Eu acredito em meus amigos. Eu acredito na minha família. Eu acredito que Deus vai me fornecer tudo de que preciso para ter sucesso se eu fizer o meu melhor para ser merecedora por meio de um serviço fiel e honesto. Acredito na oração e nunca fecharei os olhos para dormir sem orar por orientação divina, a fim de ser paciente com as outras pessoas e tolerante com aqueles que não acreditam como eu. Eu acredito que o sucesso é o resultado de esforço inteligente e não depende de sorte, práticas incisivas ou amigos desleais, colegas ou meu empregador. Acredito que tirarei da vida exatamente o que coloquei nela, portanto, terei o cuidado de me comportar com os outros como gostaria que eles agissem comigo. Não vou caluniar aqueles de quem não gosto. Não vou diminuir meu trabalho, independentemente do que possa ver os outros fazendo.

Prestarei o melhor serviço de que sou capaz porque assumi o compromisso de ter sucesso na vida, e sei que o sucesso é sempre resultado de um esforço consciente e eficiente. Por fim, perdoarei aqueles que me ofenderem, porque sei que às vezes ofenderei aos outros e precisarei de seu perdão.

*Assinado*____________________

A mulher que escreveu esse credo era uma psicóloga prática de primeira categoria. Com a influência e a orientação de um cônjuge como ela, qualquer homem ou mulher poderia alcançar um sucesso notável.

Analise esse credo e você vai notar com que liberdade o pronome pessoal é usado; começa com a afirmação da autoconfiança, o que é perfeitamente adequado. Você não poderia se apropriar desse credo sem desenvolver a atitude positiva que atrairia pessoas que o ajudariam em sua luta pelo sucesso.

Esse seria um credo esplêndido para todo vendedor adotar. Porém, simplesmente adotá-lo não é suficiente. É preciso praticá-lo. Leia-o várias vezes até sabê-lo de cor. Em seguida, repita pelo menos uma vez por dia até que o tenha literalmente transformado em sua atitude mental. Mantenha uma cópia dele à sua frente como um lembrete diário da promessa de praticá-lo. Assim, você usa de maneira eficiente o princípio da autossugestão para o desenvolvimento da autoconfiança.

Não importa o que alguém possa dizer sobre seu procedimento. Você sabe que qualquer ideia que fixar com firmeza na mente subconsciente, por meio de repetidas afirmações, torna-se automaticamente um plano ou projeto que um poder invisível usa para direcionar seus esforços para a realização do objetivo declarado no plano. Lembre-se de que ter sucesso é sua intenção, e esse credo, se dominado e aplicado, o ajudará muito.

SE VOCÊ ACHA QUE ESTÁ DERROTADO, ESTÁ.

O trecho a seguir é extraído e adaptado de *O manuscrito original*, Volume I, Lição Três.

Henry Ford ganhou milhões de dólares todos os anos porque acreditou em Henry Ford e transformou essa crença em um objetivo definido apoiado por um plano definido. Os outros maquinistas que trabalharam com Ford durante os primeiros dias de sua carreira não imaginavam nada além de um pagamento semanal. Isso foi tudo que eles conseguiram, porque não exigiram nada fora do comum de si mesmos. Se você quiser mais, não deixe de exigir mais de si mesmo. Observe que essa exigência deve ser feita a você mesmo.

Talvez você esteja se perguntando por que alguns progridem para posições bem remuneradas, enquanto outros ao seu redor, que têm tanto treinamento e aparentemente realizam a mesma quantidade de trabalho, não progridem. Selecione quaisquer duas pessoas desses dois tipos e estude-as, e a razão pela qual uma avança e a outra permanece estagnada será bastante óbvia. Você vai descobrir que aqueles que progridem acreditam em si mesmos e apoiam sua crença com uma ação tão dinâmica e agressiva, que outros podem reconhecê-la neles. Você também vai notar que essa autoconfiança é contagiosa; é impulsiva; é persuasiva; atrai outras pessoas.

Você também vai descobrir que aqueles que não progridem mostram claramente, pela expressão no rosto, pela postura do corpo, pela falta de vivacidade nos passos, pela insegurança ao falar, que falta autoconfiança. Ninguém vai dar muita atenção a quem não tem confiança em si mesmo. Eles não atraem outras pessoas porque sua mente é uma força negativa que repele, em vez de atrair.

Em nenhum outro campo de atuação a autoconfiança, ou a falta dela, desempenha papel tão importante quanto no campo das vendas, e não é preciso ser um analista de caráter para determinar, na primeira reunião, se um vendedor tem essa qualidade. Se você a tem, os sinais de sua influência estarão gravados em você. Você inspira os clientes a confiar em você e nos produtos que está vendendo no momento em que fala.

Isso traz à mente um poema conhecido que expressa uma grande verdade psicológica:

Se você pensa que está derrotado, você está;
Se você acha que não se atreve, não se atreve;
Se você gosta de vencer, mas acha que não pode,
É quase certo que não vai.

Se você acha que vai perder, você perdeu,
Porque no mundo descobrimos
Que o sucesso começa na vontade –
Tudo está no estado de espírito.

Se você acha que está superado, está –
Você tem que pensar alto para subir.
Você tem que ter certeza de si mesmo antes
De poder ganhar um prêmio.

As batalhas da vida nem sempre são vencidas
Pelo homem mais forte ou mais rápido;
Mas cedo ou tarde o homem que vence
É o homem que pensa que pode.

Guarde esse poema na memória e use-o como parte do seu equipamento de trabalho no desenvolvimento da autoconfiança.

O HOMEM NO ESPELHO

O trecho a seguir é extraído de *O manuscrito original*, Volume I, Lição Três.

Em algum lugar da sua constituição existe "alguma coisa sutil" que, se fosse despertada pela influência externa adequada, o levaria a realizações como você nunca imaginou antes. Assim como um mestre em música pode segurar um violino e fazê-lo derramar os mais belos e fascinantes acordes musicais, também existe alguma influência externa que pode tomar conta de sua mente e fazer com que você se empenhe na área que escolheu e toque uma gloriosa sinfonia de sucesso. Ninguém sabe quais forças ocultas estão adormecidas em seu interior.

Você mesmo não conhece sua capacidade de realização e nunca a conhecerá até que entre em contato com o estímulo específico que a desperta para uma ação maior e amplia sua visão, desenvolve a autoconfiança e o move com um desejo mais profundo de realizar.

Não é absurdo esperar que alguma afirmação, ideia ou palavra estimulante deste curso sirva como o estímulo necessário que remodelará seu destino e redirecionará seus pensamentos e energias por um caminho que o conduzirá, finalmente, ao seu cobiçado objetivo na vida. É estranho, mas é verdade que os momentos decisivos mais importantes da vida muitas vezes acontecem quando e como menos se espera.

Tenho em mente um exemplo típico disso e do que uma pessoa pode realizar quando desperta para uma compreensão plena do valor da autoconfiança. O incidente a que me refiro aconteceu na cidade de Chicago, enquanto eu estava envolvido no trabalho de análise de caráter.

Um dia, um sem-teto apareceu em meu escritório e pediu para falar comigo. Quando ergui os olhos do meu trabalho e o cumprimentei, ele disse: "Vim ver o homem que escreveu este livrinho", e tirou do bolso uma cópia de um livro intitulado *Self-Confidence*, que eu havia escrito muitos anos antes.

"Deve ter sido a mão do destino", continuou ele, "que enfiou este livro no meu bolso ontem à tarde, porque eu estava prestes a me jogar no Lago Michigan. Eu tinha chegado à conclusão de que tudo e todos, incluindo Deus, estavam contra mim, até ler este livro. Ele me deu um novo ponto de vista e me trouxe a coragem e a esperança que me sustentaram durante a noite. Decidi que, se eu pudesse ver o homem que escreveu este livro, ele poderia me ajudar a ficar em pé novamente. Agora estou aqui e gostaria de saber o que você pode fazer por um homem como eu."

Enquanto ele falava, eu o estudava da cabeça aos pés, e admito com franqueza que, no fundo do meu coração, não acreditava que pudesse fazer alguma coisa por ele, mas não queria dizer isso. O olhar vidrado, as linhas de desânimo no rosto, a postura do corpo, a barba de dez dias, o jeito nervoso, tudo nesse homem me dava a impressão de que ele não tinha esperança, mas eu não tinha coragem para dizer isso a ele.

Então, pedi a ele que se sentasse e me contasse toda a sua história. Pedi que fosse totalmente franco e me contasse, com a maior fidelidade possível, o que o havia levado ao limite da vida. Prometi que, depois de ouvir toda a história, diria se poderia ou não ajudar.

Ele contou sua história em detalhes, e o resumo é o seguinte: ele havia investido toda a sua fortuna em uma pequena empresa de manufatura. Quando a Primeira Guerra começou, em 1914, ficou impossível para ele obter as matérias-primas necessárias para o funcionamento de sua fábrica e, portanto, ele faliu. A perda do dinheiro partiu seu coração e perturbou tanto sua mente, que ele deixou a esposa e os filhos e foi viver na rua. Ele pensou na própria perda até chegar ao ponto de considerar suicídio.

Depois que ele terminou de contar sua história, eu disse: "Ouvi você com muito interesse e gostaria de poder fazer alguma coisa para ajudá-lo. Mas não há absolutamente nada que eu possa fazer".

Ele ficou tão pálido quanto ficará quando for colocado em um caixão. Recostou-se na cadeira e baixou o queixo sobre o peito, como se dissesse: "Isso resolve tudo".

Esperei alguns segundos e disse: "Embora não haja nada que eu possa fazer por você, tem um homem neste edifício a quem vou apresentá-lo, se quiser, e ele pode ajudá-lo a recuperar sua fortuna perdida e se levantar". Essas palavras mal saíram de minha boca, e ele deu um pulo, segurou minhas mãos e disse: "Pelo amor de Deus, leve-me a esse homem".

Foi animador notar que ele pediu "pelo amor de Deus". Isso indicava que ainda havia uma centelha de esperança dentro dele, então o peguei pelo braço e o levei ao laboratório onde meus testes psicológicos de análise de caráter eram conduzidos, e fiquei com ele na frente do que parecia ser uma cortina sobre uma porta. Puxei a cortina de lado e descobri um espelho alto no qual ele se via da cabeça aos pés. Apontei para o espelho e disse: "Lá está o homem a quem prometi que o apresentaria. Ele é o único homem neste mundo que pode colocá-lo em pé novamente. E a menos que você se sente e conheça aquele homem como nunca o conheceu antes, pode ir em frente e se jogar no Lago Michigan, porque não terá valor para si mesmo ou para o mundo até que conheça melhor este homem".

Ele se aproximou do vidro, esfregou o rosto barbudo com as mãos, estudou-se da cabeça aos pés por alguns instantes, depois recuou, baixou a cabeça e começou a chorar. Eu sabia que a lição estava dada.

Não esperava vê-lo novamente, e duvidava de que a lição fosse suficiente para ajudá-lo a recuperar seu lugar no mundo, porque ele parecia muito perdido para ainda haver redenção. Parecia não só estar abatido, mas também quase desfalecido.

Poucos dias depois, encontrei esse homem na rua. A transformação tinha sido tão completa, que quase não o reconheci. Ele caminhava rapidamente, com a cabeça inclinada para trás. Aquela antiga postura inconstante e nervosa havia desaparecido. Ele vestia roupas novas da cabeça aos pés. Parecia próspero e se sentia próspero. Ele me parou e relatou o que havia acontecido para provocar a rápida transformação da situação de abjeto fracasso para um estado de esperança e promessa.

"Eu estava a caminho do seu escritório", começou, "para dar as boas-novas. No dia em que estive em seu escritório, saí de lá um vagabundo miserável, e, apesar de minha aparência, consegui um emprego por um salário de US$ 3 mil por ano. Pense nisso, homem, US$ 3 mil por ano! E meu empregador me deu dinheiro suficiente para comprar algumas roupas novas, como você pode ver. Ele também me adiantou algum dinheiro para mandar para minha família, e estou mais uma vez no caminho do sucesso. Parece um sonho quando penso que apenas alguns dias atrás eu havia perdido a esperança, a fé e a coragem, e estava realmente pensando em me suicidar."

"Eu ia visitá-lo para dizer que um dia desses, quando menos esperar, farei outra visita, e, quando isso acontecer, serei um homem de sucesso. Levarei um cheque em branco e assinado em seu nome, e você vai poder preencher com o valor que quiser, porque me salvou de mim mesmo ao me apresentar a mim mesmo – aquele ser que eu não conhecia até me colocar na frente daquele espelho e apontar meu verdadeiro eu."

Quando ele se virou e se afastou pelas ruas lotadas de Chicago, vi, pela primeira vez na vida, que força, poder e possibilidade estão escondidos na mente de quem nunca descobriu o valor da autoconfiança.

Naquele momento, decidi que também ficaria diante daquele mesmo espelho e apontaria um dedo acusador para mim mesmo por não ter descoberto a lição que ajudei outro homem a aprender. Fiquei diante daquele mesmo espelho e, ali, fixei em minha mente, como meu objetivo definido na vida, a determinação de ajudar homens e mulheres a descobrirem as forças adormecidas dentro deles. O livro que você tem em mãos é a prova de que meu objetivo definido está sendo cumprido.

O homem cuja história contei aqui é agora presidente de uma das maiores e mais bem-sucedidas empresas de seu ramo na América, com negócios que se estendem de costa a costa e do Canadá ao México.

FÓRMULA DA AUTOCONFIANÇA

O trecho a seguir é extraído de *O manuscrito original*, Volume I, Lição Três.

Chegamos agora ao ponto em que você está pronto para adotar o princípio da autossugestão e fazer uso direto dele para se tornar uma pessoa positiva, dinâmica e autossuficiente. Copie a seguinte fórmula, assine-a e grave-a na memória:

1. Sei que tenho a capacidade de alcançar meu objetivo definido, portanto, exijo de mim mesmo uma ação persistente, agressiva e contínua para alcançá-lo.
2. Percebo que os pensamentos dominantes da minha mente acabarão por se reproduzir na ação física externa e, então, gradualmente, se transformarão em realidade física. Portanto, vou concentrar minha mente por trinta minutos diários na tarefa de pensar na pessoa que pretendo ser, criando uma imagem

mental dessa pessoa e, em seguida, transformando essa imagem em realidade por meio de minhas ações.

3. Sei que, por meio do princípio da autossugestão, qualquer desejo que mantenho persistentemente em minha mente acabará buscando expressão por intermédio de algum meio prático para realizá-lo. Portanto, devo dedicar dez minutos diários a exigir de mim mesmo o desenvolvimento dos fatores mencionados nas dezessete lições do curso *O manuscrito original.*
4. Mapeei claramente e escrevi uma descrição do meu objetivo definido na vida para os próximos cinco anos. Estabeleci um preço para meus serviços para cada um desses cinco anos, um valor que pretendo ganhar e receber por meio da aplicação estrita do princípio do serviço eficiente e satisfatório, que prestarei antecipadamente.
5. Compreendo perfeitamente que nenhuma riqueza ou posição pode durar muito tempo a menos que seja construída com base em verdade e justiça. Portanto, não me envolverei em nenhuma transação que não beneficie a todos por ela afetados. Terei sucesso atraindo para mim as forças que desejo usar e a cooperação de outras pessoas. Vou induzir outras pessoas a me servirem, porque as servirei primeiro. Vou eliminar o ódio, a inveja, o ciúme, o egoísmo e o cinismo desenvolvendo amor por toda a humanidade, porque sei que uma atitude negativa nunca pode me trazer sucesso. Farei com que os outros acreditem em mim porque acreditarei neles e em mim mesmo.
6. Assinarei meu nome nesta fórmula, a guardarei na memória e repetirei em voz alta uma vez por dia, com plena fé de que gradualmente ela vai influenciar minha vida inteira para que eu me torne bem-sucedido e feliz na área de atuação que escolhi.

Assinado____________________

NOTA DO EDITOR

O trecho a seguir foi retirado de uma gravação de Napoleon Hill falando ao vivo para os membros reunidos da Napoleon Hill Associates. Por ter sido adaptado de uma transcrição direta da faixa de áudio, esta história apresenta um exemplo maravilhosamente sincero de Napoleon Hill, confirmando, com as próprias palavras, como usou a autossugestão para estabelecer um objetivo principal definido e construir sua autoconfiança.

Certa manhã, em minha sede em Nova York, recebi um telefonema do presidente da Newark Laundry Company. Ele me pediu para conversar sobre o treinamento de seus vendedores. Até então, eu nem sabia que uma lavanderia empregava vendedores. Mais tarde, descobri que todos os seus motoristas operavam de forma independente e que precisavam conquistar e manter as próprias contas. Para isso, precisavam saber alguma coisa sobre vendas. Era um novo campo para mim, e coloquei na cabeça que conquistaria a conta de qualquer jeito.

Decidi condicionar minha mente antes de ir para Newark, de forma que fosse impossível voltar sem a venda.

Entrei em meu escritório, fechei a porta e pedi à telefonista que não transferisse nenhuma ligação enquanto eu estivesse lá dentro. Sentei-me atrás da mesa, coloquei os cotovelos sobre ela, apoiei a cabeça nas mãos e comecei a condicionar minha mente. Eu disse: "Napoleon, você vai ver esse dono de lavanderia e não vai voltar enquanto não fizer uma venda".

Repeti isso mais de cem vezes, até que chegou o momento psicológico em que soube que iria fazer a venda, quando tive a sensação de que tinha feito uma venda. A quem? Ora, a mim mesmo.

Então chamei meu gerente de vendas, Jack Randall, e disse: "Jack, você já me ouviu falar sobre esse negócio de condicionar a mente a não aceitar o 'não'. Bem, vou levá-lo a Newark para demonstrar exatamente como isso é feito. Vamos encontrar o presidente da Lavanderia Newark e não voltaremos sem fazer uma venda".

Ele disse: "Ei, só um minuto. Eu tenho uma família e tenho que voltar".

Respondi: "Também tenho uma família e vou voltar, mas não até que façamos uma venda".

Quando fomos apresentados ao presidente, ele disse: "Senhores, entrem imediatamente. O dia está muito quente, vamos almoçar no Athletic Club, em uma bela sala com ar-condicionado, e depois iremos à biblioteca, onde ninguém vai nos incomodar enquanto conversamos". Jack Randall olhou para mim e piscou, como se dissesse: "Chefe, essa está no bolso". Isso foi o que ele pensou e foi o que eu pensei também.

Fizemos como ele sugeriu, e durante todo o almoço esse senhor foi contando quais eram seus problemas e como surgiram. Alguém havia divulgado entre seus clientes a informação de que seu trabalho não era higiênico. Essa história havia chegado aos motoristas, e eles estavam perdendo uma conta depois da outra.

Enquanto ele falava, eu traçava um plano. Sabia o que precisava ser feito. Disse a ele o que achava que estava errado, como isso poderia ser corrigido, quanto tempo levaria e quanto custaria. Durante todo o tempo em que estive falando, ele sorria e balançava a cabeça, e vi por sua expressão que ele acreditava em cada palavra que eu dizia. Eu estava absolutamente seguro de mim mesmo.

Quando parei de falar para respirar por alguns minutos, o dono da lavanderia disse: "Sr. Hill, gosto do seu plano. Gosto muito. Gosto de você e gosto do seu gerente, mas, quando telefonei para o seu escritório, telefonei também para dois outros senhores que atuam no ramo de treinamento de vendedores e marquei reuniões com eles também. Os outros dois vêm aqui amanhã. Devo dizer que acho que está certo, mas primeiro preciso encontrar os outros dois homens".

Olhei para Jack, que estava se levantando da cadeira, e meu olhar era tão frio, que ele voltou a sentar. Ele sabia, pela minha cara, que eu tinha decidido que faríamos a venda, e não iríamos a lugar nenhum enquanto não a fechássemos.

O que você teria feito se estivesse no meu lugar naquele momento?

Bem, o que fiz foi ignorar o que o dono da lavanderia disse e passar direto para a segunda fase da minha conversa de vendedor. Tinha mais um ou dois discursos de vendas na manga, por assim dizer, que não havia usado na minha primeira apresentação. Um bom vendedor sempre tem outras abordagens, mas não usa todas de uma vez.

Eu falava havia uns quatro ou cinco minutos, quando fiz mais uma pausa.

O dono da lavandeira aproveitou e disse: "Bem, Sr. Hill, ainda estou de acordo e acho que vai conseguir o contrato, mas, Sr. Hill, se estivesse em meu lugar e tivesse assumido o compromisso de receber outros dois homens, o que faria?".

Eu disse: "Era exatamente isso que eu esperava que perguntasse. Vou dizer o que faria. Eu telefonaria para os outros dois cavalheiros e diria que já contratou Napoleon Hill, agradeceria a consideração dos dois e os pouparia dessa viagem até aqui".

Ele respondeu: "Meu Deus, é exatamente isso que vou fazer".

NOTA DO EDITOR

E é assim que Napoleon Hill usava as técnicas de autossugestão de visualização e afirmações positivas para reforçar sua autoconfiança e atingir seu objetivo principal definido.

Capítulo 10

Iniciativa e liderança

NOTA DO EDITOR

A seção a seguir é adaptada de material de Quem vende enriquece *combinado com material de* O manuscrito original, *Volume II, Lição Cinco.*

O motivo pelo qual iniciativa e liderança são palavras associadas neste livro é que liderança é essencial para a conquista do sucesso, e iniciativa é a base sobre a qual essa necessária característica da liderança é construída. Iniciativa é aquela qualidade muito rara que impele uma pessoa a fazer o que tem de ser feito sem que alguém diga. Iniciativa é tão essencial para o sucesso quanto um eixo é essencial a uma roda.

Uma das peculiaridades da liderança é que ela nunca é encontrada em quem não desenvolveu o hábito de tomar a iniciativa. Liderança é algo a que você tem que se convidar; ela nunca se impõe a você.

Se você é um líder de sucesso, também é um vendedor eficiente. Tem uma personalidade agradável, é otimista e entusiasmado e sabe como transmitir seu entusiasmo e otimismo a outros seguidores. Você induz as pessoas a fazerem coisas porque elas querem isso de você. É proativo, tem autoconfiança e não se contenta com esperar para ver o que acontece. Você toma inciativa e faz as coisas acontecerem.

Iniciativa significa fazer coisas sem receber ordens para fazê-las. Significa escolher um objetivo definido, depois desenvolver o plano necessário para alcançar esse objetivo.

INICIATIVA EM AÇÃO

[A seção a seguir é extraída de O manuscrito original, *Volume II, Lição Cinco.]*

Em 1916 eu precisava de US$ 25 mil *[o equivalente a mais ou menos meio milhão de dólares no começo do século 21]* para criar uma instituição educacional, mas não tinha o dinheiro nem garantias suficientes para pedir um empréstimo nas habituais fontes bancárias. Lamentei meu destino, ou pensei no que poderia realizar se algum parente rico ou bom samaritano me socorresse emprestando o capital necessário?

Nada disso! Fiz o que tenho aconselhado você a fazer ao longo deste curso. Em primeiro lugar, transformei a obtenção desse capital em objetivo principal definido. Depois, criei um plano completo para transformar esse objetivo em realidade. Apoiado em autoconfiança e iniciativa, pus meu plano em ação. Mas, antes de alcançar o estágio da "ação", mais de cinco semanas de estudo, esforço e reflexão foram dedicadas a esse plano. Para ser bom e sólido, um plano precisa ser construído com material cuidadosamente selecionado.

Eu queria esse capital de US$ 25 mil para criar uma escola de publicidade e vendas. Duas coisas eram necessárias para a organização dessa escola. Uma era a quantia de US$ 25 mil, que eu não tinha, e a outra era a instrução apropriada, que eu tinha. Meu desafio era aliar-me a algum grupo que precisasse do que eu tinha, e que forneceria os US$ 25 mil.

Eu precisava encontrar um meio de reunir várias partes interessadas de tal forma que cada um desses interesses fosse muito fortalecido, e cada um apoiasse os outros, como um elo em uma corrente sustenta os outros elos.

Depois de fazer a pesquisa e traçar o plano, eu o apresentei ao proprietário de uma conhecida e respeitada faculdade de administração que, naquela época, descobria estar enfrentando uma acirrada concorrência por alunos.

Meu plano foi apresentado mais ou menos com estas palavras:

Considerando que tem uma das mais respeitadas faculdades de administração na cidade; e

Considerando que precisa de um plano para enfrentar a dura concorrência em sua área; e

Considerando que sua boa reputação garante todo o crédito de que precisa; e

Considerado que tenho o plano que o ajudará a enfrentar essa concorrência com sucesso, vamos trabalhar juntos em um plano que vai lhe dar aquilo de que precisa, ao mesmo tempo em que vai me dar algo de que preciso.

Então passei a desdobrar meu plano em mais detalhes, nestes termos:

Escrevi um curso muito prático de publicidade e vendas. Tendo criado esse curso a partir de minha experiência real em treinamento e direção de equipes de vendas, e de minha experiência no planejamento e na direção de muitas campanhas publicitárias bem-sucedidas, tenho agora para embasá-lo muitas evidências de sua qualidade.

Se usar seu crédito para ajudar na comercialização desse curso, eu o implanto em sua faculdade de administração como um departamento regular de seu currículo e me responsabilizo inteiramente por esse novo departamento. Nenhuma outra faculdade de administração na cidade terá como enfrentar a competição, porque nenhuma outra terá um curso como esse. A publicidade que fará ao comercializar esse curso também servirá para criar a demanda para seu curso habitual de administração. Pode atribuir o custo dessa propaganda inteiramente ao meu departamento, reservando para si a vantagem cumulativa que vai auferir com seus outros departamentos sem nenhum custo.

Suponho que agora queira saber de onde vou tirar meu lucro com essa transação, e explico. Quero que faça um contrato comigo em que ficará acordado que, quando a renda auferida por meu departamento chegar ao valor pago por você pela propaganda, meu departamento e meu curso de publicidade e vendas se tornem meus, e eu tenha o privilégio de separar esse departamento de sua faculdade e dirigi-lo sob meu nome.

O plano foi considerado satisfatório e assinamos o contrato. (Tenha em mente que meu objetivo definido era assegurar o uso dos US$ 25 mil, pelos quais eu não tinha nenhuma garantia a oferecer.)

Em menos de um ano, a faculdade de administração pagou pouco mais de US$ 25 mil pela divulgação e comercialização do meu curso. Enquanto isso, meu departamento angariou em matrículas o valor que a faculdade havia pagado, e eu assumi o departamento, conforme os termos do contrato.

Esse departamento recém-criado não só serviu para atrair alunos de outros departamentos da faculdade, como também, ao mesmo tempo, as tarifas de matrículas recebidas por intermédio dele foram suficientes para colocar o departamento em situação de autossuficiência antes do fim do primeiro ano.

Então, você pode ver que, embora a faculdade não tivesse me emprestado um centavo do capital, ainda me deu crédito, o que serviu exatamente ao mesmo propósito.

Eu disse que meu plano beneficiaria todas as partes envolvidas. O benefício a mim atribuído foi o uso dos US$ 25 mil, que resultou em um negócio estabelecido e independente no fim do primeiro ano.

O benefício para a faculdade foi que nossos alunos se matricularam para o curso regular de administração como resultado do dinheiro investido na divulgação do meu departamento.

Hoje essa faculdade de administração é uma das escolas mais bem-sucedidas de sua categoria, e é um monumento de sólidas evidências para demonstrar o valor da iniciativa e do esforço aliado.

O mestre em vendas é essencialmente um líder que faz as pessoas cooperarem em espírito de harmonia plantando na mente delas motivos adequados. O mestre em vendas alcança e influencia seus seguidores por meio de suas emoções, além da razão.

Todos os grandes líderes são mestres em vendas. E todos os mestres em vendas são grandes líderes. Eles entendem a arte da persuasão; entendem como plantar na mente de outras pessoas motivos que as induzirão à cooperação espontânea e favorável.

Mestres em vendas podem vender qualquer coisa que decidirem vender, porque têm iniciativa suficiente para criar mercados. Além disso, podem vender um produto, uma ideia, um plano, uma forma de serviço ou um motivo com a mesma facilidade.

Grandes líderes e mestres em vendas usam a mesma filosofia. Vendem a seus seguidores ou clientes o que quiserem vender por meio do estabelecimento de uma relação de confiança.

QUALIDADES DE UM LÍDER

O trecho a seguir é adaptado de *Quem vende enriquece.*

Alguns passos definidos são essenciais para o uso de iniciativa e liderança. A seguir, os passos mais importantes:

1. Saber de maneira definida o que você quer.

2. Construir um plano prático ou planos para a obtenção daquilo que quer, usando orientação e aconselhamento de seu grupo de MasterMind.
3. Cercar-se de uma organização de pessoas que tenham o conhecimento e a experiência essenciais para a realização de seu objetivo definido.
4. Ter fé suficiente em si mesmo e em seus planos para vislumbrar seu objetivo como uma realidade definida antes mesmo de começar a realizar seus planos.
5. Não desanimar, sejam quais forem os obstáculos que encontrar. Se um plano não funciona, substitua por outros planos até encontrar um que funcione.
6. Não adivinhar. Use fatos como base de todos os seus planos.
7. Não se deixar influenciar por outras pessoas a abandonar seus planos ou seu objetivo.
8. Não limitar o horário de trabalho. O líder deve dedicar-se ao trabalho pelo tempo que for necessário para ter sucesso.
9. Concentrar-se em uma coisa de cada vez. Não é possível dissipar pensamento e energia e ainda ser eficiente.
10. Sempre que possível, delegar aos outros a responsabilidade por detalhes, mas ter um sistema para verificar se seus subordinados estão cuidando desses detalhes com precisão. Responsabilizar-se o tempo todo por todos os seus planos, mantendo em mente que, se seus subordinados falharem, foi você quem falhou.

LÍDERES FORTES TOMAM DECISÕES COM PRONTIDÃO

O primeiro passo essencial para o desenvolvimento de iniciativa e liderança é formar o hábito de tomar decisões com prontidão e firmeza.

O líder que hesita entre ideias vagas do que quer ou deve fazer geralmente acaba fazendo nada.

Se você é um líder que muda de ideia com frequência, logo perderá a confiança daqueles que lidera. Uma tendência natural humana é a disposição para seguir a pessoa que tem grande autoconfiança. Se você não é seguro de si mesmo, como pode esperar que outros confiem em você? Ninguém vai querer segui-lo se você não confiar em si mesmo.

Há circunstâncias, é claro, que pedem deliberação lenta e exame dos fatos antes que se possa chegar a uma decisão inteligente. No entanto, depois que todos os fatos disponíveis foram reunidos e organizados, não há desculpa para retardar a decisão, e a pessoa que pratica o hábito de adiar não pode se tornar um líder eficiente a menos que essa falha seja reparada.

COMO ELIMINAR A PROCRASTINAÇÃO

O trecho a seguir é adaptado de *Quem vende enriquece*, associado a material de *O manuscrito original*, Volume II, Lição Cinco.

Primeiro você precisa dominar o hábito da procrastinação e eliminá-lo de suas atitudes. Esse hábito de deixar para amanhã o que deveria ter sido feito na semana passada, ou no ano passado, está corroendo seu ser, e você não vai realizar nada enquanto não se desfizer dele.

Você pode eliminar o hábito da procrastinação por meio dos métodos ensinados no capítulo "Autossugestão". Comece copiando a seguinte fórmula e a coloque em um local evidente de seu quarto, onde possa vê-la quando for se deitar à noite e quando se levantar de manhã:

Tendo escolhido __________ [insira seu objetivo principal definido] como obra da minha vida, agora entendo que é meu dever transformar esse objetivo em realidade. Portanto, formarei o hábito de tomar todos os dias algumas atitudes definidas que me levem um passo mais perto da realização desse objetivo principal.

Sei que a procrastinação é um inimigo mortal de todos que pretendem se tornar líderes em qualquer empreitada, e eliminarei esse hábito de minhas atitudes da seguinte maneira:

1. Fazendo uma coisa definida todos os dias, algo que deva ser feito, sem ninguém mandar.
2. Olhando em volta até encontrar pelo menos uma coisa que eu possa fazer todo dia e que eu não tenha o hábito de fazer, e que seja valioso para outras pessoas, sem expectativa de pagamento.
3. Dizer pelo menos a uma pessoa, todos os dias, o valor de praticar esse hábito de fazer o que tem de ser feito sem ninguém mandar.

Sei que os músculos do corpo se tornam mais fortes na proporção em que são usados. Portanto, entendo que o hábito da iniciativa também seja fixado na proporção em que for exercitado.

Percebi que o ponto de partida para começar a desenvolver o hábito da iniciativa são as coisas pequenas e comuns relacionadas ao meu trabalho diário. Portanto, vou trabalhar todos os dias como se fosse apenas pelo propósito de desenvolver esse necessário hábito da iniciativa.

Entendo que, pela prática desse hábito de tomar a iniciativa em relação ao meu trabalho diário, estarei não apenas desenvolvendo o hábito, mas também atraindo a atenção daqueles que atribuirão maior valor aos meus serviços como resultado dessa prática.

Assinado______________________

LÍDERES NÃO SE DESGASTAM PELAS PEQUENAS COISAS

O trecho a seguir é resumido de *Quem vende enriquece.*

Se você é um líder eficiente, nunca vai se deixar sobrecarregar pelos pequenos detalhes. Uma das qualidades relevantes de um líder é a capacidade de organizar planos de forma a estar sempre livre para dedicar todo o esforço pessoal ao que for mais necessário. Conheci e entrevistei muitos dos mais capazes líderes industriais da América. Nenhum deles jamais pareceu sobrecarregado de trabalho, porque todos sabiam quando e como delegar responsabilidades.

O líder que se gaba de inspecionar pessoalmente todos os detalhes de seu negócio não é um líder capaz, ou então ele tem um negócio muito pequeno. Dizem que "não tive tempo" é a frase mais perigosa do nosso idioma. Qualquer pessoa que faz essa declaração confessa falta de capacidade como líder. O verdadeiro líder tem tempo para tudo que é necessário a um negócio bem-sucedido.

A desculpa padrão para não ter selecionado um objetivo principal definido na vida é "não tive tempo para isso". Um líder eficiente não é necessariamente a pessoa que parece ser a mais ocupada, mas aquela que pode dirigir de maneira eficiente e manter grandes números de outras pessoas ocupadas. A pessoa que consegue "garantir coisas feitas" é muito mais lucrativa para um negócio do que aquela que realmente faz o trabalho.

Há uma ideia errônea de que uma pessoa é paga por aquilo que sabe. Isso é apenas parcialmente verdadeiro, e, como todas as outras meias verdades, causa mais estrago que uma mentira franca. A verdade é que as pessoas são pagas não só pelo que sabem, mas ainda mais pelo que fazem com o que sabem, ou pelo que podem convencer outras pessoas a fazerem.

LÍDERES DELEGAM RESPONSABILIDADE

Se você é um líder de verdade, não só tem autossuficiência e coragem, como também compartilha essas qualidades com seus subordinados. Quando o editor Cyrus H. K. Curtis punha uma pessoa no comando de uma de suas publicações, ele dizia: "Estou entregando esta propriedade a você para que seja administrada e comandada exatamente como se tivesse o título legal de posse. Tome suas decisões, escolha ajuda necessária, crie sua política, trace seus planos, e depois aceite a total responsabilidade por seu sucesso. Tudo que quero ver é um balanço satisfatório no fim do ano".

Cyrus Curtis era um dos editores mais bem-sucedidos do mundo. Ele era bem-sucedido porque era um grande líder, e sua liderança se baseava primeiramente na compreensão do princípio de delegar responsabilidade. Ele não permitia que seus subordinados devolvessem a ele nenhuma responsabilidade. Assim, criava líderes eficientes.

Você sempre faz seu melhor trabalho quando sente que está agindo por iniciativa própria e sabe que deve assumir total responsabilidade por seus atos.

LÍDERES MOSTRAM INICIATIVA

> O trecho a seguir é adaptado de *Quem vende enriquece*, combinado com material de *O manuscrito original*, Volume II, Lição Cinco.

O único jeito de ter felicidade é entregando-a a outras pessoas. Isso também vale para o desenvolvimento da iniciativa. É fato conhecido que se aprende melhor aquilo que se pretende ensinar a outros.

No campo das vendas, também é fato conhecido que nenhum profissional de vendas é bem-sucedido vendendo para terceiros antes de ter feito um bom trabalho vendendo para si mesmo.

Qualquer afirmação que uma pessoa repete muitas e muitas vezes com o propósito de convencer outras pessoas também convence a pessoa que a repete.

Você agora pode ver a vantagem de falar com iniciativa, pensar com iniciativa, comer iniciativa, dormir iniciativa e praticar iniciativa. Assim, você se torna uma pessoa de iniciativa e liderança. As pessoas seguem voluntariamente, com prontidão e espontaneamente qualquer um que mostre por suas ações que é uma pessoa de iniciativa.

Você deve se encarregar de despertar em quem se dispuser a ouvi-lo o desenvolvimento de iniciativa. Não é necessário dar seus motivos para isso, nem será necessário anunciar que está fazendo isso. Apenas vá em frente e faça. Você vai entender, é claro, que está fazendo isso porque essa prática é útil para você.

Escolha qualquer conhecido que você saiba ser uma pessoa que nunca faz nada que não se espere que ela faça, e comece vendendo a ela a ideia da iniciativa. Não pare em uma única discussão do assunto; insista nele sempre que tiver uma oportunidade conveniente. Aborde o assunto de um ângulo diferente todas as vezes. Se persistir nisso com firmeza e tato, logo vai notar uma mudança na pessoa. E vai observar algo mais importante: uma mudança em você mesmo! É impossível incutir iniciativa em outras pessoas sem desenvolver o desejo de praticá-la.

Pelo princípio da autossugestão, cada declaração que você faz a terceiros deixa sua marca em seu subconsciente. Se você ajuda outras pessoas a desenvolverem o hábito da iniciativa, desenvolve o mesmo hábito.

LÍDERES MOTIVAM E INSPIRAM

O trecho a seguir é adaptado de *O manuscrito original*, Volume I, Lição Um.

Uma vez ajudei a administrar uma escola de vendas para Harrison Parker, fundador da Cooperative Society of Chicago [Sociedade Cooperativa de Chicago]. Pouco depois que comecei, ficou claro que a pessoa mediana que ingressava nessa escola chegava ao auge de seu poder de vendas em cerca de uma semana. Depois disso, esses novos vendedores começavam a perder motivação e confiança, e era necessário revitalizar o entusiasmo individual por meio de uma reunião de grupo de vendas.

A diminuição do entusiasmo é esperada, e é exatamente por isso que a maioria das organizações de vendas bem-sucedidas tem reuniões, convenções e conferências regulares. Também é por isso que incentivam ativamente seu pessoal de vendas a frequentar seminários, ler livros e ouvir programas de autores e oradores motivacionais. O cérebro de um ser humano pode ser comparado a uma bateria elétrica no sentido de se esgotar ou esvaziar. O cérebro humano, quando nessa condição de esvaziamento, precisa ser recarregado, e isso é feito pelo contato com mentes mais cheias de vida.

As reuniões semanais de vendas que conduzi para Harrison Parker seguiam os padrões das reuniões religiosas de avivamento que eram populares na época. Eu usava mais ou menos o mesmo tipo de equipamento de palco, inclusive música e oradores motivacionais de alto impacto que sabiam como ter acesso aos botões emocionais certos que faziam as pessoas literalmente se levantarem. Sob o guarda-chuva da religião, psicologia, química cerebral ou qualquer coisa que você quiser (todos se baseiam no mesmo princípio), usando as técnicas de reunião de avivamento, consegui motivar um grupo de três mil homens e mulheres (todos sem experiência anterior de vendas) que venderam mais de US$ 10 milhões em seguros e ganharam mais de US$ 1 milhão entre eles.

* * *

Todo gerente de vendas que é um líder bem-sucedido entende a necessidade de criar um *esprit de corps* – um espírito de entendimento comum e cooperação – entre todos os membros de uma equipe de vendas. Isto é, os profissionais de vendas como um grupo se tornam tão motivados e focados em um desejo, causa ou objetivo comum, que as mentes individuais se juntam e funcionam como uma só.

Todo líder tem um método para coordenar as mentes de seus seguidores. Um pode usar força; outro, persuasão. Um recorre ao medo de penalidades, enquanto outro se vale de recompensas. Os líderes mais bem-sucedidos no comércio e na indústria são aqueles que fazem as pessoas se juntarem e trabalharem com eles, porque estão convencidos de que isso é vantajoso para eles.

Se você realmente sabe como liderar, não impõe sua autoridade ou seu poder, nem tenta provocar medo. Você usa persuasão, não poder. Conta com sua habilidade de vender aos seguidores apresentando as vantagens para eles.

TORNE-SE INDISPENSÁVEL

O trecho a seguir é adaptado de material de *O manuscrito original*, Volume II, Lição Cinco.

Independentemente do que estiver fazendo agora, todo dia traz uma chance de prestar algum serviço, além dos seus deveres regulares, que será valioso para outras pessoas. Ao prestar esse serviço adicional por conta própria, você entende, é claro, que não age dessa maneira com o objetivo de obter recompensa monetária. Você presta esse serviço porque ele confere a você meios e maneiras de exercitar, desenvolver e fortalecer o espírito agressivo de iniciativa – uma qualidade que precisa ter antes de conseguir se tornar uma figura relevante na área que escolheu.

Emprego uma mulher que abre, separa e responde boa parte de minha correspondência pessoal. Ela começou a trabalhar para mim há mais de três anos. Naquela época, sua obrigação era escrever cartas ditadas. Seu salário era mais ou menos o mesmo que outros profissionais recebem por serviço similar. Um dia, ditei a seguinte frase, que pedi para ela datilografar:

"Lembre-se de que sua única limitação é aquela que você cria em sua cabeça."

Quando me entregou a página, ela disse: "Sua frase me deu uma ideia que vai ser valiosa para o senhor e para mim".

Disse que ficava feliz por ter sido útil para ela. O incidente não deixou nenhuma impressão particular em minha mente, mas, a partir daquele dia, pude ver que isso havia deixado uma forte impressão nela. Essa mulher começou a voltar ao escritório depois do jantar e prestar serviço pelo qual não era paga, e que não se esperava dela. Sem ninguém mandar, ela levava à minha mesa cartas que tinha respondido por mim. Havia estudado meu estilo, e essas cartas eram redigidas como eu as teria escrito – em alguns casos, até melhor. Ela manteve esse hábito até minha secretária pessoal se demitir. Quando comecei a procurar alguém para substituí-la, nada mais natural do que recorrer a essa jovem. Antes de ter tempo de oferecer a ela o cargo, ela ocupou a posição por conta própria. Minha correspondência pessoal começou a chegar à minha mesa com o nome de uma nova secretária, e era o nome dela.

No próprio ritmo, depois do expediente e sem nenhum pagamento adicional, ela se preparou para assumir a melhor posição no meu estafe.

Mas não foi só isso. Logo ela se tornou tão evidentemente eficiente, que começou a chamar atenção de outros empregadores que ofereciam empregos atraentes. Aumentei seu salário várias vezes, e ela agora recebe quatro vezes o que ganhava quando foi trabalhar para mim como estenógrafa. E, para dizer a verdade, estou indefeso nisso, porque ela se tornou tão valiosa para mim, que não consigo funcionar sem ela.

Isso é iniciativa transformada em termos práticos, compreensíveis. Também tenho que apontar uma vantagem, além do grande aumento de salário, que a iniciativa dessa jovem deu a ela: o desenvolvimento de um espírito de alegria que dá a ela uma felicidade que a maioria das estenógrafas jamais conhecerá. Seu trabalho não é trabalho – é um grande jogo interessante que ela joga. Embora chegue ao escritório antes que qualquer outra estenógrafa e fique lá até muito depois das cinco da tarde, quando todos vão embora, seu expediente é muito mais curto que o dos outros funcionários. Horas de trabalho não se arrastam e se alongam para quem é feliz em seu trabalho.

Os que trabalham só por dinheiro, e que recebem como pagamento apenas dinheiro, são sempre mal remunerados, independentemente de quanto recebem. Dinheiro é necessário, é claro, mas os grandes prêmios da vida não podem ser medidos em dólares e centavos.

Nenhum valor pode substituir a felicidade, a alegria e o orgulho que pertencem à pessoa que cava a melhor vala, varre melhor o chão ou cozinha a melhor refeição. Toda pessoa normal ama criar alguma coisa melhor que a média. A alegria de criar uma obra de arte não pode ser substituída por dinheiro ou qualquer outra forma de bem material.

LÍDERES INSPIRAM INICIATIVA EM OUTRAS PESSOAS

O trecho a seguir resume material adaptado de *Quem vende enriquece.*

Fazemos bem o que amamos fazer, e feliz é o líder que tem o bom julgamento de designar a todos os subordinados os papéis que se harmonizam com essa lei.

Seja você quem for, ou seja qual for seu objetivo principal definido, se planeja alcançar seu objetivo principal por meio de esforços cooperativos de terceiros, é preciso incutir, na mente daqueles cuja cooperação você pretende obter, um motivo forte o bastante para garantir sua cooperação plena, focada e altruísta. Quando fizer isso, você estará fortalecendo seus planos com a lei do MasterMind.

NOTA DO EDITOR

O trecho a seguir é extraído e adaptado de *O manuscrito original*, Volume II, Lição Cinco.

Há dezoito anos fiz minha primeira viagem à cidadezinha de Lumberport, West Virginia. Naquela época, os únicos meios de transporte que saíam de Clarksburg, maior centro mais próximo, para Lumberport eram a Baltimore & Ohio Railroad ou uma linha elétrica interurbana que passava a cinco quilômetros da cidade. Se você escolhesse o bonde, tinha que providenciar alguém para ir buscá-lo, ou percorrer a pé os cinco quilômetros até a cidade.

Quando cheguei a Clarksburg, descobri que o único trem que seguia para Lumberport antes do meio-dia já havia partido, e, como não queria esperar pelo trem do fim da tarde, fiz a viagem de bonde, disposto a andar os cinco quilômetros. No caminho, começou a chover muito forte, e esses cinco quilômetros tiveram que ser percorridos em meio a uma lama amarela profunda. Quando cheguei a Lumberport, tinha os sapatos e as meias enlameadas, e minha disposição não estava muito melhor depois da experiência.

A primeira pessoa que encontrei foi V. L. Hornor, que então era caixa do Lumberport Bank. Com um tom de voz meio alto, perguntei a ele: "Por que não estendem a linha do bonde do entroncamento até Lumberport, de forma que seus amigos possam chegar à cidade e sair dela sem se afogar em lama?"

"Você viu um rio com margens altas na periferia da cidade, quando chegou?", ele perguntou. Respondi que tinha visto. "Bem", ele continuou, "esse é o motivo para não termos bondes entrando na cidade. O custo de uma ponte seria de mais ou menos cem mil dólares, e isso é mais que a companhia que administra a linha de bondes está disposta a investir. Há dez anos estamos tentando convencê-los a construir uma linha para a cidade."

"Tentando? Com que intensidade estão tentando?"

"Oferecemos a eles todos os subsídios que podemos oferecer, como o direito ao livre trânsito a partir do entroncamento até a cidade e o uso gratuito das ruas, mas essa ponte é o obstáculo. Eles simplesmente não querem pagar essa despesa. Dizem que não podem arcar com esse custo devido ao pequeno lucro que teriam com a extensão de cinco quilômetros."

Nesse momento, os princípios do sucesso começaram a me socorrer. Perguntei ao Sr. Hornor se ele iria comigo até o rio, e então poderíamos olhar o local que causava tanta inconveniência. Ele disse que seria um prazer me acompanhar.

Quando chegamos ao rio, comecei a fazer o inventário de tudo que via. Notei que os trilhos da Baltimore & Ohio Railroad acompanhavam as margens do rio dos dois lados, e que a estrada na área rural atravessava o rio por uma precária ponte de madeira, e para chegar lá era preciso passar por cima dos trilhos da ferrovia, porque a empresa mantinha pátios de troca naquele ponto.

Enquanto estávamos lá, um trem de carga bloqueou a estrada para a ponte, e várias parelhas de cavalos pararam dos dois lados do trem, esperando uma oportunidade para atravessar. O trem manteve a estrada bloqueada por uns 25 minutos.

Com essa combinação de circunstâncias em mente, não precisei de muita imaginação para ver que três grupos diferentes poderiam se interessar por construir a ponte de acordo com as necessidades para suportar o peso de um bonde.

Era óbvio que a Baltimore & Ohio Railroad Company se interessaria por essa ponte, porque ela removeria a estrada de seus trilhos de troca. Também os pouparia de um possível acidente na travessia, sem falar no tempo e nos custos de reduzir os trens para permitir a passagem das carroças.

Era óbvio que os comissários do condado ficariam interessados na ponte, pois ela elevaria a estrada rural a um nível melhor e a tornaria mais útil ao público. E é claro que a companhia de bondes estava interessada na ponte, mas não queria arcar com todas as despesas.

Tudo isso passou por minha cabeça enquanto eu estava ali olhando o trem de carga ser desengatado para permitir a passagem do tráfego.

Um objetivo principal definido se instalou em minha mente. E também um plano definido para sua realização. No dia seguinte, reuni um comitê de habitantes formado pelo prefeito, os conselheiros e alguns cidadãos importantes, e chamei o superintendente de divisão da Baltimore & Ohio Railroad Company em Grafton. Nós o convencemos de que tirar a estrada rural de cima dos trilhos da companhia valia um terço do custo da ponte.

Em seguida fomos procurar os comissários do condado, que reagiram com entusiasmo à possibilidade de, pagando apenas um terço do valor, ter uma nova ponte. Eles prometeram pagar um terço do custo da obra, desde que pudéssemos assegurar os outros dois terços.

Quando fomos falar com o presidente da Traction Company, que era dona da linha de bondes em Fairmont, e fizemos a oferta de todos os direitos de uso mais dois terços do valor de construção da ponte, desde que ele começasse a construir imediatamente a linha para a cidade, ele também se mostrou receptivo.

Três semanas depois, foi assinado um contrato entre a Baltimore & Ohio Railroad Company, a Monongahela Valley Traction Company e os comissários do condado de Harrison County para a construção da ponte, com cada um pagando um terço do custo.

Apenas dois meses depois, o direito de uso era concedido, e a ponte estava em construção. E três meses depois disso, os bondes chegavam regularmente a Lumberport.

Esse incidente teve um grande significado para Lumberport, porque garantiu transporte que permitia a chegada e a partida da cidade sem esforço desnecessário.

Ele também foi muito importante para mim, porque serviu para me apresentar como alguém que "garante que as coisas sejam feitas".

Duas vantagens resultaram dessa transação. O chefe do departamento jurídico da Traction Company me contratou como seu assistente, e mais tarde isso serviu de meio para uma apresentação que me levou a ser indicado como gerente de publicidade da LaSalle Extension University.

Lumberport, West Virginia, era e ainda é uma cidade pequena, e Chicago era uma cidade grande localizada a uma distância considerável dela, mas notícias sobre iniciativa e liderança costumam ganhar asas e viajar.

Embora iniciativa e liderança tenham sido os dois elementos-chave do meu sucesso, cinco princípios do sucesso se combinaram na transação que descrevi aqui: um objetivo principal definido, autoconfiança, imaginação, iniciativa e liderança. Fazer o esforço extra, ou fazer mais do que aquilo pelo que se é pago, também entrou nessa transação de algum jeito, porque não recebi nenhuma oferta e, de fato, não esperava pagamento pelo que fiz.

Para ser perfeitamente franco, me comprometi com aquela tarefa de garantir a construção da ponte mais como uma espécie de desafio àqueles que diziam que não podia ser feito, não com alguma expectativa de pagamento por isso.

Seria útil aqui notar o papel que a imaginação desempenhou nessa transação. Durante dez anos, os cidadãos de Lumberport tentavam levar uma linha de bonde à cidade. Não se deve concluir que a cidade não tinha cidadãos capazes, porque isso seria impreciso. De fato, havia muitas pessoas capazes na cidade, mas elas cometeram o erro de tentar resolver seu problema por uma via única, quando havia três fontes de solução disponíveis.

Cem mil dólares eram demais para uma empresa pagar pela construção da ponte, mas, quando esse custo foi dividido por três partes interessadas, o valor assumido por cada uma se tornou mais razoável. A questão que se poderia fazer era: por que alguns cidadãos não pensaram nessa solução de três vias?

Em primeiro lugar, estavam tão perto do problema, que perderam a perspectiva que poderia ter sugerido a solução. Esse é um erro comum, e ele é sempre evitado por grandes líderes.

Em segundo lugar, essas pessoas nunca antes haviam coordenado esforços ou trabalhado como um grupo organizado com o único objetivo de encontrar um jeito de levar uma linha de bondes à cidade. Esse é outro erro comum cometido por pessoas em todas as áreas da vida – deixar de trabalhar em uníssono, em um verdadeiro espírito de cooperação.

Eu, sendo forasteiro, tive menos dificuldade para obter ação cooperativa do que alguém do grupo deles poderia ter tido. Com grande frequência, há um espírito de egoísmo em pequenas comunidades que faz cada indivíduo pensar que suas ideias devem prevalecer. É parte importante da responsabilidade do líder induzir pessoas a subordinar as próprias ideias e interesses pelo bem do projeto ou objetivo.

Sucesso é quase sempre uma questão de habilidade para convencer outras pessoas a subordinar seus interesses individuais e seguir um líder. A pessoa que tem a iniciativa, personalidade e imaginação para induzir seguidores a aceitar seus planos e colocá-los em prática com fidelidade é sempre um líder capaz.

Liderança, iniciativa e imaginação são tão intimamente ligadas e tão essenciais ao sucesso, que não podem ser proveitosamente aplicadas uma sem as outras. Iniciativa é a força motriz que empurra o líder em frente, mas imaginação é o espírito-guia que diz a ele para onde ir.

Imaginação foi o que me permitiu analisar o problema da ponte de Lumberport, dividi-lo em suas três partes componentes e depois reunir essas partes em um plano prático funcional. Quase todo problema pode ser dividido em partes que são mais fáceis de administrar como partes do que encaixadas em um todo. Talvez uma das vantagens mais importantes da imaginação seja permitir que você separe todos os problemas em suas partes componentes e as reúna em combinações mais favoráveis.

Dizem que todas as batalhas na guerra são vencidas ou perdidas atrás das linhas, não na linha de fogo, por estratégia sólida, ou pela falta dela, usada pelos generais que planejam as batalhas.

Isso é igualmente válido nos negócios e na maioria dos problemas que encontramos na vida. Ganhamos ou perdemos de acordo com a natureza dos planos que construímos e colocamos em prática.

Não há como fugir dessa realidade. Esforço organizado é esforço dirigido de acordo com um plano concebido com o auxílio da imaginação, guiado por um objetivo principal definido e impulsionado por autoconfiança e iniciativa. Esses princípios de sucesso se fundem em um e se tornam um poder nas mãos de um líder. Sem a fusão desses princípios, e a inciativa para reuni-los e usá-los, é impossível liderança eficiente.

Capítulo 11

Persistência

Gostaria de chamar sua atenção para um princípio que acredito ser um fator determinante, mais que qualquer outro, de sucesso ou fracasso em qualquer vocação. O princípio pode ser descrito como "a fé e persistência para aceitar a derrota como nada mais que uma experiência da qual algo valioso pode ser aprendido". Muita gente desiste ou deixa a ambição ser eliminada quando encontra sérios obstáculos.

Em minha carreira pública, tenho tido o privilégio de conhecer muitos homens e mulheres de grandes realizações. E todos eles enfrentaram oposição que exigiu esforço e persistência. A vida é cheia de obstáculos que precisam ser superados. Só quem tem a estamina e a disposição para lutar pode vencer. Todo mundo encontra oposição. Oposição deve ser aceita como um sinal para que se dê tudo que tem ao esforço de superá-la.

Quando a derrota acontece, e vai acontecer, aceite-a como um empecilho que foi posto em seu caminho para o propósito de treiná-lo para saltar mais alto! Você ganha força e habilidade a cada empecilho que ultrapassa. Não odeie as pessoas por se oporem a você. Agradeça por elas o obrigarem a desenvolver a estratégia e a imaginação de que precisa para superar sua oposição.

Este é um mundo bonito, e a vida é repleta de tudo de que você precisa, incluindo riquezas e felicidade.

Aceite o amargo e o doce. Sucesso sem derrota levaria ao tédio. Derrota sem o efeito contrário do sucesso mataria a ambição. Disponha-se a aceitar sua porção de cada uma.

Cada fracasso será uma lição que você precisa aprender para manter olhos e ouvidos abertos e se manter disposto a ser ensinado. Cada adversidade é, normalmente, uma bênção disfarçada. Sem reservas e derrota temporária, você nunca saberia quão bom é.

A UM METRO DO OURO

> Este trecho sobre persistência é extraído de *Quem pensa enriquece – A edição do século 21*.

Uma das causas mais comuns de fracasso é o hábito de desistir diante de derrota temporária. Toda pessoa comete esse erro em um ou outro momento.

Durante os dias da corrida do ouro, um tio de R. U. Darby foi acometido pela "febre do ouro" e viajou para o Oeste, para o Colorado, a fim de garimpar ouro e enriquecer. Ele nunca tinha ouvido que mais ouro foi garimpado dos pensamentos dos homens do que jamais foi tirado da terra. Apoderou-se de um trecho de terra e começou a trabalhar com picareta e pá.

Depois de semanas de trabalho, ele foi recompensado pela descoberta do minério brilhante. Mas precisava de maquinário para levar o ouro à superfície. Discreto, cobriu a mina e voltou para casa, em Williamsburg, Maryland. Lá contou à família e a alguns vizinhos sobre sua descoberta. Eles juntaram o dinheiro para a máquina e a despacharam.

Meu amigo R. U. Darby decidiu acompanhar o tio, e eles voltaram ao trabalho na mina.

O primeiro carro de ouro foi extraído e enviado para uma fundição. O retorno comprovou que eles tinham uma das minas mais ricas do Colorado. Mais alguns carros de ouro pagariam as dívidas. Então viriam os lucros.

As brocas desciam. Subiam as esperanças de Darby e seu tio. Até que alguma coisa aconteceu. O veio de ouro desapareceu! Eles tinham chegado ao fim do arco-íris, e o pote de ouro não estava mais lá. Eles perfuraram, tentando desesperadamente reencontrar o veio – tudo em vão. Finalmente, decidiram desistir.

Venderam a máquina por algumas centenas de dólares para um comerciante de sucata e pegaram o trem de volta para casa. O homem que comprou a máquina chamou um engenheiro de mineração para examinar a mina e fazer alguns cálculos. O engenheiro concluiu que o projeto tinha fracassado porque os antigos donos não conheciam as "falhas". Seus cálculos mostravam que o veio seria encontrado novamente a um metro de onde os Darby tinham interrompido a perfuração. E foi exatamente ali que ele foi encontrado!

O vendedor de sucata extraiu milhões de dólares em minério daquela mina, porque pediu a orientação de um especialista antes de desistir.

Muito tempo depois, o Sr. Darby repôs suas perdas muitas vezes quando descobriu que desejo pode ser transmutado em ouro. A descoberta aconteceu depois que ele entrou no ramo de venda de seguros de vida.

Sem nunca esquecer que havia perdido uma imensa fortuna por ter parado a um metro do ouro, Darby lucrou com a experiência no novo campo escolhido. Disse a si mesmo: "Parei a um metro do ouro, mas jamais vou parar quando os homens disserem não à minha oferta de apólices de seguro".

Ele se tornou membro de um pequeno grupo que vendia anualmente mais de um milhão de dólares em seguros de vida. Ele devia essa "aderência" à lição que aprendera com sua "desistência" na empreitada de mineração de ouro.

Pouco depois de o Sr. Darby receber seu diploma da "Universidade dos Duros Golpes", ele testemunhou algo que provou, em sua opinião, que não nem sempre significa necessariamente NÃO.

Certa tarde ele estava ajudando o tio a moer trigo em um moinho antiquado. O tio operava uma grande fazenda na qual moravam vários agricultores arrendatários. A porta se abriu e uma criança pequena, filha de um colono, entrou e parou perto da porta.

O tio levantou a cabeça, viu a criança e disse com tom ríspido: "O que você quer?".

A criança respondeu mansa: "Minha mãe pediu cinquenta centavos".

"Não vou dar", respondeu o tio. "Vá para casa."

Mas a menina não saiu do lugar. O tio continuou trabalhando, sem perceber que ela continuava ali. Quando levantou a cabeça outra vez e a viu parada no mesmo lugar, ele disse: "Já falei para ir para casa! Agora vá, ou vai apanhar".

Ela não se moveu. O tio soltou um saco de grãos que estava prestes a despejar no funil de carga e avançou em direção à criança.

Darby prendeu a respiração. Sabia que o tio tinha um temperamento explosivo.

Quando ele chegou ao local onde a criança estava parada, ela rapidamente deu um passo à frente, olhou nos olhos dele e gritou com toda a força da voz: "Minha mãe precisa desses cinquenta centavos!".

O tio parou, olhou para ela por um minuto, pôs a mão no bolso, pegou meio dólar e entregou à menina.

A criança pegou o dinheiro e recuou lentamente para a porta, sem desviar o olhar do homem que tinha acabado de vencer. Depois que ela saiu, o homem sentou-se sobre uma caixa e olhou pela janela por mais de dez minutos. Estava refletindo admirado sobre a derrota que acabara de sofrer.

O Sr. Darby também estava pensando. Era a primeira vez em toda a sua vida que tinha visto uma criança dominar um adulto. Como ela havia feito isso? O que acontecera com seu tio que o havia levado a perder a ferocidade e tornar-se dócil como um cordeiro? Que estranho poder essa criança havia usado para conseguir dominar a situação?

A história dessa experiência incomum me foi contada no velho moinho, no mesmo lugar onde o tio foi derrotado. Ali naquele velho moinho úmido, o Sr. Darby repetiu a história, e terminou perguntando: "O que pode deduzir disso? Que estranho poder essa criança usou para dominar meu tio tão completamente?".

Depois, ele reviu mentalmente seus trinta anos como vendedor de seguros de vida. Enquanto refazia esse caminho, ia ficando claro que seu sucesso era devido, em grande parte, à lição que ele havia aprendido com aquela criança.

O Sr. Darby apontou: "Cada vez que um possível comprador tentava me dispensar sem comprar, eu via aquela criança ali parada no velho moinho, seus olhos grandes cheios de desafio, e dizia para mim mesmo: 'Tenho que fazer esta venda'. A melhor parte de todas as vendas que fiz acontecia depois de as pessoas dizerem não".

Antes de o sucesso entrar na vida de alguém, essa pessoa certamente encontra muita derrota temporária e, talvez, algum fracasso. Quando a derrota se abate sobre uma pessoa, a coisa mais fácil e mais lógica a fazer é desistir. Isso é exatamente o que faz a maioria das pessoas.

Mais de quinhentas das pessoas mais bem-sucedidas deste país me contaram que seu maior sucesso aconteceu um passo além do ponto em que a derrota os havia dominado. Fracasso é um trapaceiro com um senso aguçado de ironia e vigarice. Ele se diverte muito fazendo você tropeçar quando o sucesso está quase ao seu alcance.

NOTA DO EDITOR

O credo de Napoleon Hill "Todo fracasso traz a semente de um sucesso equivalente" foi a inspiração para o empreendedor e orador motivacional Wayne Allyn Root escrever o livro The Joy of Failure. *Publicado no fim da década de 1990, ele não só conta a história pessoal de Wayne de usar os fracassos como degraus para o sucesso, como também reconta histórias de outras pessoas bem--sucedidas que provam que ricos e famosos só se tornaram ricos e famosos por causa do que aprenderam com seus fracassos. Pessoas como Jack Welch, o imensamente bem-sucedido CEO da General Electric, que no início da carreira falhou de maneira dramática quando uma fábrica pela qual ele era responsável explodiu. O bilionário Charles Schwab foi um fracasso na escola e na universidade, reprovado duas vezes em inglês básico por conta de um transtorno de aprendizado, e depois falhou em Wall Street mais de uma vez, antes de pensar em uma ideia que acabou por fazê-lo muito rico. Sylvester Stallone, Bruce Willis, Oprah Winfrey, Bill Clinton, Steve Jobs, Donald Trump e vários outros realizadores igualmente conhecidos, todos tiveram que fracassar para aprender as lições que, no fim, os fizeram bem-sucedidos. Cada um deles fracassou, mas nenhum deles foi derrotado.*

Charles F. Kettering, que patenteou mais de duzentas invenções, entre elas a ignição do automóvel, a vela de ignição, o freon para ar--condicionado e a transmissão automática, disse: "Desde os seis anos de idade até se formar na faculdade, uma pessoa tem que passar por três a quatro exames por ano. Se é reprovado em um, está eliminado. Mas um inventor está quase sempre falhando. Ele tenta e falha mil vezes, talvez. Se acerta uma vez, ele se dá bem. Essas duas coisas são diametralmente opostas. Muitas vezes dizemos que o maior trabalho que temos é ensinar a um empregado recém-contratado como falhar com inteligência. Temos que treiná-lo para tentar muitas e muitas vezes e mantê-lo tentando e falhando até ele aprender o que vai funcionar. Fracassos são só vacinas práticas.

O trecho a seguir é adaptado em parte de uma transcrição do programa de vídeo *The Master Key to Success* e da publicação da Fundação Napoleon Hill *Believe and Achieve.*

Um dos melhores exemplos sobre encontrar a semente de um benefício equivalente no fracasso é a história de um homem sobre a qual você talvez já tenha ouvido falar, e não tenho dúvida de que já comeu algum alimento que ele produziu e comercializou pelo país, como resultado de uma adversidade que teria feito a maioria dos homens desistir definitivamente.

O homem era Milo C. Jones, dono de uma fazenda perto de Fort Atkinson, Wisconsin. Embora trabalhasse duro e tivesse boa saúde física, ele parecia incapaz de fazer a pequena fazenda render mais que as necessidades essenciais da vida. Então, ele sofreu um AVC e teve uma paralisia dupla que o privou do uso de todas as partes do corpo, exceto o cérebro. Ele foi posto na cama por familiares que acreditavam estar lidando com um inválido.

Durante semanas, ele não conseguiu mover um único músculo. Tudo que restava era a mente, o grande poder a que ele havia recorrido muito raramente, porque ganhava a vida usando a força física. A partir dessa necessidade, ele descobriu o poder da mente e começou a recorrer a ele.

Jones reuniu a família e disse: "Não posso mais trabalhar com as mãos, por isso decidi trabalhar com a mente. Vocês todos vão ter que substituir minhas mãos". Nessa hora de grande adversidade, Milo C. Jones usou a mente – apoderou-se dela pela primeira vez na vida, talvez –, e dela saiu a ideia que renderia a ele uma grande fortuna.

A família se dedicou ao trabalho, e em poucos anos o nome Jones Little Pig Sausages tornou-se uma senha doméstica por todo o país. Jones foi o primeiro a criar porcos especificamente para a produção de linguiça *premium*; antes de sua inovação, linguiça sempre foi considerada um subproduto. A empresa de Jones também foi a primeira em sua área a se basear em vendas pelo correio e em uma agressiva campanha publicitária nacional para promover seus produtos.

Milo C. Jones viveu para ver a mesma fazenda que antes de seu infortúnio garantia apenas uma modesta sobrevivência render uma fortuna de muitos milhões de dólares.

Não é estranho que, tão frequentemente, as pessoas tenham que ser sacudidas pelo fracasso e pela derrota antes de aprenderem que a mente é capaz de solucionar todos os problemas? Não é estranho que Jones não tenha tido a ideia da Little Pig Sausage enquanto ainda tinha um corpo saudável?

FAÇA SEU INVENTÁRIO DE PERSISTÊNCIA

Persistência é um estado mental, portanto, pode ser cultivada. Como todos os estados da mente, a persistência se baseia em causas definidas, entre elas:

1. *Definição de objetivo.* Saber o que você quer é o primeiro e mais importante passo em direção ao desenvolvimento da persistência. Um motivo forte o forçará a superar as dificuldades.
2. *Desejo.* É relativamente fácil adquirir e manter persistência na busca do objeto de desejo intenso.

3. *Autoconfiança*. A crença em sua capacidade de pôr um plano em prática o incentiva a seguir o plano com persistência. (Autoconfiança pode ser desenvolvida pelo princípio descrito no capítulo sobre autossugestão.)
4. *Definição de planos*. Planos organizados, mesmo aqueles que podem ser fracos ou impraticáveis, incentivam persistência.
5. *Conhecimento preciso*. Saber que seus planos são sólidos, baseados em experiência ou observação, incentiva a persistência; "adivinhar" em vez de "saber" destrói a persistência.
6. *Cooperação*. Solidariedade, compreensão e cooperação com os outros tendem a desenvolver persistência.
7. *Força de vontade*. O hábito de concentrar seus pensamentos em fazer planos para alcançar seu objetivo definido leva à persistência.
8. *Hábito*. Persistência é resultado direto de hábito. A mente absorve e se torna parte das experiências diárias das quais se alimenta. Medo, o pior de todos os inimigos, pode ser superado quando você se força a desempenhar e repetir atos de coragem.

Faça uma análise de você mesmo e determine o que está faltando nessa qualidade essencial da persistência. Meça-se, ponto a ponto, e veja quantos dos oito fatores anteriores da persistência faltam a você. Essa análise pode levar a descobertas que lhe darão uma nova compreensão de si mesmo e do que precisa para ir em frente.

MAUS HÁBITOS A SUPERAR

Segue uma lista dos verdadeiros inimigos que estão entre você e sua conquista. Não são apenas os "sintomas" que indicam fraqueza de persistência, mas também as causas profundamente enraizadas no subconsciente para essa fraqueza. Estude a lista com atenção e examine-se com franqueza se deseja realmente saber quem você é e o que é capaz de fazer. Estas são as fraquezas que devem ser superadas por qualquer pessoa que queira realmente acumular riquezas:

1. Deixar de reconhecer e definir com clareza e exatidão o que você quer.
2. Procrastinação, com ou sem causa. (Normalmente respaldada por uma longa lista de álibis e desculpas.)
3. Falta de interesse em adquirir conhecimento especializado.
4. Indecisão, e o hábito de delegar a culpa, em vez de enfrentar as questões cara a cara. (Também respaldados por álibis e desculpas.)
5. O hábito de contar com desculpas, em vez de fazer planos definidos para resolver seus problemas.
6. Autossatisfação. Há pouco remédio e nenhuma esperança para aqueles que padecem dela.
7. Indiferença, normalmente refletida em sua prontidão para ceder em vez de enfrentar a oposição.
8. O hábito de culpar os outros por seus erros e aceitar circunstâncias como inevitáveis.
9. Fraqueza de desejo porque você deixou de escolher motivos que o impelirão à ação.
10. Prontidão para desistir ao primeiro sinal de derrota. (Baseada em um ou mais dos seis medos básicos.)
11. Ausência de planos organizados que você redigiu para que possam ser analisados.
12. O hábito de deixar de agir a partir de ideias, ou agarrar a oportunidade quando ela se apresenta.
13. Querer em vez de exigir.

14. O hábito de resignar-se com a pobreza, em vez de almejar riquezas. Ausência geral de ambição para ser, fazer ou ter.
15. Buscar todos os atalhos para as riquezas, tentando obter alguma coisa sem dar um equivalente justo. Normalmente refletido no hábito de jogar, ou tentar induzir barganhas injustas.
16. Medo de crítica, que resulta no fracasso em criar planos e colocá-los em ação, por causa do que outras pessoas possam pensar, fazer ou dizer. Esse é um de seus inimigos mais perigosos, porque existe frequentemente em seu subconsciente, e você pode nem saber que ele está lá.

O MEDO DA CRÍTICA

A maioria das pessoas permite que familiares, amigos e público em geral as influenciem, de forma que não conseguem viver a própria vida, por medo de críticas.

Muita gente comete erros no casamento, mas continua casada, por medo de críticas. Milhões de pessoas deixam de voltar a estudar depois de terem abandonado a escola, porque temem críticas. Incontáveis homens e mulheres permitem que parentes destruam sua vida em nome do dever familiar, porque temem a crítica.

Pessoas se recusam a correr riscos nos negócios, porque temem a crítica que podem receber se falharem. O medo da crítica nesses casos é maior que o desejo de sucesso.

Muitas pessoas se recusam a estabelecer objetivos elevados por medo da crítica de parentes e amigos, que podem dizer: "Não queira tanto. As pessoas podem pensar que você enlouqueceu".

Quando Andrew Carnegie sugeriu que eu dedicasse vinte anos à organização de uma filosofia da realização individual, meu primeiro impulso foi temer o que as pessoas poderiam dizer. A sugestão dele era muito maior que tudo que já havia imaginado para mim. Meu primeiro instinto foi criar desculpas, todas elas associadas ao medo de críticas. Algo dentro de mim dizia: "Você não é capaz disso. O trabalho é muito grande e requer muito tempo. O que seus familiares vão pensar de você? Como vai ganhar a vida? Ninguém jamais organizou uma filosofia de sucesso, que direito você tem de acreditar que é capaz disso? Quem é você, aliás, para pretender tanto? Lembre-se de sua origem humilde – o que você sabe sobre filosofia? As pessoas vão pensar que você é louco (e pensaram). Por que ninguém fez isso antes?".

Mais tarde, depois de ter analisado milhares de pessoas, descobri que muitas ideias são natimortas. Para crescer, as ideias precisam do sopro da vida injetado nelas por intermédio de planos definidos de ação imediata. O momento de nutrir uma ideia é na hora em que ela nasce. Cada minuto de vida dá a ela uma chance melhor de sobrevivência. O medo de crítica é o que mata a maioria das ideias que nunca chegam ao estágio de planejamento e ação.

O HÁBITO DE FAZER MAIS DO QUE AQUILO PELO QUE SE É PAGO

O trecho a seguir é adaptado de material de *O manuscrito original*, Volume III, Lição Nove.

Há alguns anos, fui convidado para fazer o discurso de formatura para os alunos de uma faculdade. Durante minha fala, abordei de maneira prolongada e com toda a ênfase possível a importância de prestar mais e melhor serviço do que aquele pelo qual se é pago.

Depois do discurso, o presidente e o secretário da faculdade me convidaram para almoçar com eles. Enquanto comíamos, o secretário se virou para o presidente e disse: "Acabei de descobrir o que esse homem está fazendo. Ele está progredindo ajudando antes outras pessoas a progredirem".

Nessa breve declaração, ele resumiu uma das partes mais importantes de minha filosofia sobre o tema do sucesso: é literalmente verdade que você pode chegar ao sucesso melhor e mais depressa ajudando outras pessoas a terem sucesso.

Há alguns anos, quando eu estava no ramo da publicidade, construí toda a minha clientela aplicando os fundamentos sobre os quais esta lição se baseia. Coloquei meu nome na lista de mala direta de várias firmas que vendiam por remessa postal, e assim recebia sua literatura sobre vendas. Quando recebia uma carta, um panfleto ou um catálogo que acreditava ser capaz de melhorar, começava a trabalhar imediatamente e fazia os aperfeiçoamentos, depois devolvia o material à empresa que o tinha enviado a mim, com uma carta explicando que aquele era só um exemplo modesto do que eu poderia fazer – e que havia muitas outras boas ideias no lugar de onde aquela tinha saído – e que seria um prazer prestar serviço regular por uma tarifa mensal.

Invariavelmente, isso resultava em uma solicitação de meus serviços. Mesmo na única ocasião em que uma firma foi desonesta o bastante para se apropriar de minha ideia e usá-la sem me pagar por ela, ainda foi vantajoso para mim. Um membro da firma que conhecia a situação fundou outra empresa, e, por conhecer o trabalho que fiz para seus antigos associados, pelo qual não fui remunerado, ele me contratou por mais que o dobro do valor que eu teria recebido da empresa original.

NOTA DO EDITOR

Napoleon Hill acreditava que, se uma pessoa não presta mais que o serviço pelo qual é paga, essa pessoa está recebendo o pagamento que merece. O exemplo a seguir, adaptado de uma das palestras registradas de Hill, é uma de suas histórias favoritas para ilustrar essa ideia.

Quando Charles M. Schwab chamou a atenção de Andrew Carnegie pela primeira vez, Schwab trabalhava como diarista em uma das usinas de aço de Carnegie. O Sr. Carnegie notou que o Sr. Schwab sempre prestava mais e melhor serviço do que aquele pelo qual era pago. Além disso, ele o executava com uma atitude agradável, o que o tornava popular entre os colegas.

O Sr. Schwab foi promovido de um cargo a outro até que, finalmente, foi empossado presidente da grande United States Steel Corporation, com um salário de US$ 75 mil ao ano. Mais ainda, em algumas ocasiões, o Sr. Carnegie não só pagou o salário do Sr. Schwab, como também deu a ele um bônus de até US$ 1 milhão.

Pense nisso. Charles M. Schwab, o diarista, nunca poderia ter ganhado esse valor em toda a vida – um salário de US$ 75 mil ao ano pagos a um homem que começou como diarista, mais um bônus de mais de dez vezes esse valor! Por que será que o Sr. Carnegie pagou tanto a ele?

Quando perguntaram, o Sr. Carnegie disse: "Paguei o salário pelo trabalho que ele realmente fazia, e o bônus pela disposição de fazer o esforço extra, criando assim um bom exemplo para os colegas de trabalho".

NOTA DO EDITOR

O trecho a seguir é resumido de *Quem vende enriquece.*

O hábito de prestar mais e melhor serviço do que aquele pelo que é pago é absolutamente essencial para se divulgar e divulgar seus serviços pessoais. Entre as diversas boas razões para prestar mais e melhor serviço do que se espera de você, temos:

1. Esse hábito direciona o holofote da atenção favorável para aqueles que o desenvolvem.

2. Esse hábito o capacita a se beneficiar com a lei do contraste, já que a maioria das pessoas adquiriu o hábito de oferecer o mínimo de serviço necessário.
3. Esse hábito dá a você o benefício da lei dos retornos aumentados e o protege das desvantagens da lei dos retornos diminuídos, permitindo, com o tempo, que você receba um pagamento maior do que teria sem esse hábito.
4. Esse hábito garante a você empregos preferenciais com salários preferenciais. A pessoa que pratica esse hábito é a última a ser removida da folha de pagamento quando o negócio enfrenta dificuldades e a primeira a ser recontratada depois de um corte.
5. Esse hábito desenvolve maior habilidade, eficiência, e também maior capacidade de aprendizado, e tende a fazer de você uma preferência, em detrimento dos outros.
6. Esse hábito o torna praticamente indispensável, e você vai induzir seus empregados a delegar maiores responsabilidades a você. A capacidade de assumir responsabilidade é a qualidade que traz os maiores retornos financeiros.
7. Esse hábito leva à promoção porque indica que aqueles que o praticam têm capacidade de supervisão e liderança, não encontradas naqueles que desenvolvem o hábito oposto.
8. Esse hábito permite que você estabeleça o próprio salário. Se não recebe tanto quanto merece de um empregador, esse valor pode ser pago pela concorrência.

Todo negócio tem um bem potencial ou real conhecido como boa vontade. É um bem sem o qual nenhum empreendimento pode crescer. Um indivíduo que presta mais e melhor serviço do que aquele pelo qual é pago também tem boa vontade. Ele é geralmente conhecida por sua reputação de eficiência. É um bem sem o qual você não pode comercializar seus serviços pessoais da maneira mais vantajosa.

O recurso de venda mais forte e mais atraente que qualquer indivíduo tem é o hábito de prestar serviço em maior quantidade e com melhor qualidade.

O hábito de prestar mais e melhor serviço beneficia tanto um empregador quanto um empregado.

Todo indivíduo que trabalha por um salário naturalmente quer mais dinheiro e melhor posição. Porém, nem sempre esse indivíduo entende que melhores posições e salários são resultados de motivo, e que o maior de todos os motivos para atrair esses benefícios desejáveis é prestar mais e melhor serviço do que aquele pelo qual se é pago.

Você é um comerciante, e sua capacidade é o produto que você vende. Use para vender os mesmos princípios de bom julgamento que um comerciante bem-sucedido usa para vender produtos. Você sabe, é claro, o que acontece se for um comerciante que desaponta os clientes; você os perde. Por sua vez, você também sabe o que acontece com o mercador que conquista confiança prestando serviço e entregando mercadoria que atende às expectativas do cliente.

Muitas pessoas podem enganar outras ocasionalmente sem serem desmascaradas. Mas não se pode enganar alguém sem a observação de sua consciência. Sua consciência é o registro oficial de seus atos e pensamentos, e ela escreve esse registro de cada pensamento e ato no tecido de seu caráter.

Uma consciência limpa é um bem incomparável, especialmente quando você está se vendendo. Maestria em vendas, independentemente dos produtos que você possa estar vendendo, baseia-se em fé absoluta na coisa que você está oferecendo para venda. Como pode ter fé em você mesmo se sabe que mentiu?

NOTA DO EDITOR

O trecho a seguir é extraído e adaptado de *O manuscrito original*, Volume III, Lição Nove.

Ralpho Waldo Emerson escreveu, no ensaio *Compensation*:

... A lei da Natureza é Faça a coisa e terá o poder; mas aqueles que fazem a coisa não têm o poder...

... Os homens sofrem durante toda a vida sob a tola superstição de que podem ser enganados. Mas é impossível um homem ser enganado por alguém além dele mesmo, como uma coisa ser e não ser ao mesmo tempo...

NOTA DO EDITOR

Se você quiser ler Compensation, de Ralph Waldo Emerson, online, pode encontrar o texto em http://www.rwe.org/works/Essays-1st_Series_03_Compensation.htm

Passamos por dois períodos importantes na vida. Um é aquele durante o qual estamos colhendo, classificando e organizando conhecimento, e o outro é o período durante o qual nos esforçamos para ter reconhecimento.

Um dos motivos importantes pelos quais devemos sempre estar não só prontos, mas também disponíveis, para prestar serviço é que, cada vez que fazemos isso, conquistamos uma oportunidade de provar a alguém que temos capacidade. Damos mais um passo na direção de obter o necessário reconhecimento que todos devemos ter.

Em vez de dizer ao mundo "Mostre o seu dinheiro, e eu mostro o que posso fazer", inverta e diga "Vou mostrar como é meu serviço, e você me mostra seu dinheiro, se gostar dele".

Aqui temos o exemplo perfeito de uma mulher que trabalhava como estenógrafa por US$ 15 semanais. Considerando seu salário, ela não devia ser muito competente no trabalho.

Cerca de dez anos mais tarde, essa mesma mulher ganhava pouco mais de US$ 100 mil no circuito de palestras. Qual foi a ponte que permitiu a ela atravessar essa enorme lacuna entre as duas capacidades de ganho? O hábito de fazer mais do que era paga para fazer. Essa mulher se tornou conhecida no país como proeminente palestrante sobre o assunto da psicologia aplicada.

Vou mostrar como ela dominou a lei dos retornos aumentados. Primeiro, ela foi a uma cidade e fez uma série de quinze palestras gratuitas. Qualquer um podia comparecer, sem nenhuma cobrança. Enquanto fazia essas palestras, ela dispunha da oportunidade de se vender para a plateia, e no fim da série ela anunciou a formação de uma turma para um curso pelo qual cobraria US$ 25 por aluno.

Seu plano era só isso. Enquanto ela ganhava uma pequena fortuna por um ano de trabalho, havia palestrantes muito mais proficientes que mal ganhavam o necessário para pagar suas despesas, simplesmente porque não conheciam, como ela, os fundamentos sobre os quais esta lição se baseia.

Se essa palestrante, que não tinha qualificações extraordinárias, pôde dominar a lei dos retornos aumentados e usá-la para progredir de estenógrafa ganhando US$ 15 por semana a palestrante por mais de US$ 100 mil ao ano, por que você não pode aplicar essa mesma lei para ter vantagens que não tem agora?

NOTA DO EDITOR

Mais tarde o próprio Hill usou o mesmo princípio, mas o associou à tecnologia líder de seu tempo. Napoleon Hill transformou suas séries de palestras em programas de rádio, e posteriormente em programas de TV, que eram transmitidos por estações das cidades onde ele fazia palestras ou promovia seus livros. Essa era uma versão mais sofisticada das palestras "gratuitas", que atraía ouvintes e espectadores para irem vê-lo pessoalmente e talvez comprar seus livros.

O Método Silva, um sistema simples desenvolvido por José Silva e baseado em conceitos muito semelhantes àqueles defendidos por Napoleon Hill, tornou-se popular valendo-se basicamente do mesmo princípio. A partir do início da década de 1960, todo fim de semana nos jornais das maiores cidades da América do Norte surgiam anúncios oferecendo um curso introdutório gratuito oferecido por um treinador local certificado no Método Silva. Essas introduções gratuitas convenciam um número suficiente de participantes a se tornarem clientes pagantes, de forma que o Método Silva se tornou um dos mais bem-sucedidos cursos de desenvolvimento pessoal de todos os tempos.

Nos anos 1980, o princípio evoluiu novamente, mas dessa vez a palestra gratuita ganhou o nome de infomercial. Era, essencialmente, o mesmo conceito; um jeito de as plateias provarem ideias e conhecerem oradores. Mais uma vez, o princípio funcionou, e no caso de Anthony Robbins, por exemplo, lançou um verdadeiro fenômeno no mundo da oratória motivacional.

O trecho a seguir ainda é de *O manuscrito original*, Volume III, Lição Nove.

Há vários anos, fui convidado para dar uma palestra a alunos da Palmer School em Davenport, Iowa. Meu agente cuidou dos arranjos para que eu aceitasse o convite nos termos regulares da época, que eram US$ 100 por palestra, mais as despesas de viagem.

Quando cheguei a Davenport, encontrei um comitê de recepção me esperando na estação e, naquela noite, recebi uma das boas-vindas mais calorosas que jamais havia recebido em toda a minha carreira pública até então. Conheci muitas pessoas encantadoras, das quais obtive fatos valiosos que me beneficiaram. Portanto, quando me pediram para apresentar a conta das despesas para que a escola fizesse um cheque, disse a eles que já tinha sido pago com acréscimo pelo que eu tinha aprendido durante minha estadia ali. Recusei a tarifa e voltei ao meu escritório em Chicago me sentindo bem recompensado pela viagem.

Na manhã seguinte, o Dr. Palmer se colocou diante dos dois mil alunos de sua escola e relatou o que eu tinha dito sobre me sentir recompensado, e acrescentou: "Nos vinte anos que passei à frente desta escola, contratei muitos oradores para falar a este corpo estudantil, mas esta foi a primeira vez que conheci um homem que recusou sua tarifa por sentir que seus serviços tinham sido remunerados de outras maneiras. Esse homem é o editor de uma revista nacional, e aconselho todos vocês a assinarem essa revista, porque um homem como esse deve ter muito do que cada um de vocês vai precisar quando for a campo oferecer seus serviços".

Na metade daquela semana, eu tinha recebido mais de seis mil dólares em assinaturas. Durante os dois anos seguintes, esses mesmos dois mil estudantes e seus amigos me pagaram US$ 50 mil em assinaturas. Agora me diga, como ou onde eu poderia ter investido US$ 100 com essa rentabilidade?

NOTA DO EDITOR

Para encerrar esta seção sobre fazer mais do que aquilo pelo que se é pago, ou fazer o esforço extra, escolhemos uma das histórias favoritas de Napoleon Hill sobre um vendedor. É uma história que parece quase boa demais para ser verdade, mas, como Hill conhecia pessoalmente a família de Carnegie, é improvável que a contasse se não fosse verdadeira. Esta versão é de O manuscrito original, *Volume III, Lição Nove.*

Em uma tarde chuvosa, uma senhora entrou em uma loja de departamentos de Pittsburgh e andou por ali meio sem rumo, mais ou menos como fazem as pessoas que não têm intenção de comprar. A maioria dos vendedores notou sua presença, mas continuou ajeitando o estoque nas prateleiras, evitando perder tempo com ela.

Um dos rapazes a viu e foi perguntar educadamente se poderia ajudá-la. Ela respondeu que estava apenas esperando a chuva parar, que não queria comprar nada. O jovem disse que ela era bem-vinda e, puxando conversa, a fez sentir que era sincero. Quando ela disse que ia embora, ele a acompanhou até a rua e abriu o guarda-chuva para ela. A senhora pediu o cartão desse vendedor e seguiu seu caminho.

O incidente tinha sido esquecido pelo rapaz quando, um dia, ele foi chamado ao escritório do diretor da empresa, que mostrou a ele uma carta de uma senhora que queria que um vendedor fosse à Escócia receber um pedido para a decoração de uma mansão.

A mulher era a mãe de Andrew Carnegie; ela também era a mesma senhora que o rapaz tão gentilmente havia acompanhado até a rua vários meses antes.

Na carta, a Sra. Carnegie especificava que o vendedor deveria ser ele. O pedido alcançou um valor astronômico, e esse incidente deu ao rapaz uma oportunidade de progresso que ele poderia jamais ter tido não fosse essa cortesia com uma senhora que não tinha jeito de "venda pronta".

Da mesma forma que as leis fundamentais da vida são embaladas pelo tipo mais comum de experiências diárias que a maioria das pessoas nunca percebe, as verdadeiras oportunidades também estão frequentemente escondidas nas transações aparentemente sem importância.

Capítulo 12

Fazer a venda

NOTA DO EDITOR
O trecho a seguir é de *Quem vende enriquece.*

No processo de venda propriamente dito, o primeiro passo é qualificar o comprador em potencial. Isto é, o vendedor precisa descobrir a informação a seguir, que será necessária para a apresentação do plano de vendas da maneira mais vantajosa. O vendedor provavelmente terá que encontrar meios de extrair, com todo o tato, essa informação do comprador em potencial, bem como de outras fontes.

QUALIFICAR O COMPRADOR EM POTENCIAL

1. Quanto dinheiro o comprador em potencial está disposto a gastar, e quanto deve ser solicitado a gastar?
2. As condições, inclusive o estado mental do comprador em potencial, são favoráveis para a conclusão da venda? Se não, quando é provável que sejam?
3. O comprador em potencial age sozinho, ou algum advogado, banqueiro, cônjuge, familiar, conselheiro ou outra pessoa será

consultada antes de ele tomar a decisão? Se sim, quem é a pessoa a ser consultada, e com que propósito específico?

4. Se o comprador em potencial precisa consultar outra pessoa antes de tomar uma decisão, o comprador permite que o vendedor esteja presente nessa consulta? Isso é muito importante. Você não pode correr o risco de uma terceira pessoa julgar você e seus produtos sem estar lá para apresentar seus argumentos.
5. O comprador em potencial gosta de comandar a maior parte da conversa? Se sim, dê a ele essa oportunidade. Cada palavra que um comprador em potencial fala serve de indicação sobre o que ele tem em mente. Se o comprador em potencial não é inclinado a falar com liberdade, faça perguntas que o orientem de forma a obter a informação desejada.

Quando qualifica o comprador em potencial, o vendedor também descobre que desculpas ou objeções provavelmente serão oferecidas quando chegar ao ponto da conclusão da venda. A seguir, apresentamos algumas das desculpas mais comumente usadas às quais praticamente todo comprador em potencial recorre:

1. O comprador em potencial diz que não tem o dinheiro. O mestre em vendas sempre recebe essa resposta com moderação. Se você é profissional de vendas, já qualificou o comprador em potencial com precisão, então sabe qual é sua situação financeira e pode, portanto, refutar essa objeção com tato.
2. O comprador em potencial pode dizer que não quer decidir antes de discutir o assunto com um cônjuge, banqueiro, advogado. O mestre em vendas vai sugerir com todo o tato que o cliente permita que ele participe dessa conversa. Nessa entrevista, o mestre em vendas analisa o cônjuge ou outro con-

fidente e determina se é um sócio, o verdadeiro chefe ou um simples subterfúgio. Nem é preciso dizer que, se o cônjuge é o chefe, o vendedor vai direcionar os esforços de venda principalmente para essa pessoa.

3. O comprador em potencial pode dizer que precisa de mais tempo para "pensar no assunto". O mestre em vendas sabe mais ou menos quanto a maioria das pessoas "pensa". No entanto, ele vai usar o tato nesses casos e vai sugerir meios e maneiras de ajudar o comprador em potencial nessa tarefa de pensar. O mestre em vendas permite que o comprador em potencial pense que está pensando por conta própria, mas o profissional de vendas toma o cuidado de garantir que ele pense a partir de ideias e fatos fornecidos pelo vendedor.

Se você é um mestre em vendas, nunca tenta fechar uma venda enquanto não tem certeza absoluta de que pintou na mente do comprador em potencial um cenário que criou um forte desejo por seus bens ou serviços. O comprador em potencial precisa "ser capaz de comprar". Esse é um ponto em que não deve haver adivinhação. É obrigação do mestre em vendas saber disso, e, se você não sabe, não é um mestre em vendas.

Tentar vender um Cadillac para uma pessoa que tem uma conta bancária Ford é esforço perdido. Qualificação precisa impede esse desperdício.

A primeira coisa que um mestre em vendas pergunta a um potencial comprador de seguro é: "Quantos seguros tem hoje e que tipo de apólices mantém?". Armado dessa informação, e com uma boa ideia da condição financeira do comprador, o vendedor de seguros de vida sabe qual apólice oferecer ao cliente.

ENCORAJE SEU CLIENTE A FALAR COM LIBERDADE

Quando a polícia é chamada para resolver um assassinato, o que ela quer saber é o motivo. A menos que o motivo para o crime tenha sido estabelecido, é difícil prender o criminoso e condená-lo depois da prisão. Qualquer um está derrotado quando um adversário se apodera dos motivos que inspiram essa pessoa a agir.

Já quando os policiais prendem um homem suspeito de ter cometido um crime, tentam imediatamente convencer o suspeito a falar. Cada palavra proferida, bem como toda recusa a se manifestar sobre certos pontos, dá aos investigadores informação a partir da qual eles podem fazer importantes deduções.

Até apresentar de fato seu plano de vendas, você deve ser como um desses investigadores de polícia. É sua obrigação obter os fatos, e o melhor método para isso é fazer seu comprador em potencial falar. Alguns que se dizem vendedores estragam suas chances de vender abrindo a boca enquanto fecham olhos e ouvidos. Descubra os principais motivos e as principais fraquezas de seu comprador em potencial, e o terá conquistado antes de começar.

O vendedor mais bem-sucedido conduz suas entrevistas com tanto tato, que os compradores em potencial acreditam que as comandaram. Quando a venda é fechada, o comprador acredita que ele fez a compra, não que venderam alguma coisa para ele.

Mestres em vendas se preparam alinhando uma série de perguntas que podem usar para obter a informação de que precisam para qualificar com precisão possíveis compradores. Cuidado e atenção ao preparar e formular essas perguntas o capacitará a obter toda a informação necessária para fechar uma venda. Muitas pessoas respondem a qualquer pergunta razoável. Perguntando diretamente ao possível comprador, você vai ter certeza de que a informação é confiável, porque o possível comprador a terá fornecido.

O vendedor que é indiferente ou preguiçoso demais para qualificar seus compradores em potencial merece fracassar, e esses vendedores normalmente fracassam.

CONSTRUIR A CONFIANÇA DO COMPRADOR

Mestres em vendas muitas vezes adotam como parte de sua técnica entrar em contato com compradores em potencial antes de fazer qualquer abordagem de vendas. O primeiro contato é apenas para qualificar o comprador de maneira não invasiva. Conheci muitos mestres em vendas que deram atenção a seus compradores em potencial por meses enquanto conquistavam confiança, evitando qualquer tentativa de vender.

Um dos mais bem-sucedidos vendedores de seguro de vida na América é especialista em vender apólices para homens com quem joga golfe. Ele toma muito cuidado, no entanto, para nunca se referir a sua profissão, nem brevemente, no campo de golfe. Além disso, nunca tenta falar sobre seguro com seus compradores em potencial até ter jogado golfe com eles ao menos três vezes. E mesmo depois, ele aborda o assunto com perguntas bem preparadas, oportunas, que induzem o comprador em potencial a perguntar a ele sobre seguro.

Ele se diz consultor de seguros. Diz aos compradores em potencial que seu trabalho é estudar com eles suas apólices de seguro para ver se têm ou não a melhor forma de seguro, a quantidade certa, e assim por diante. Naturalmente, ele escolhe possíveis compradores que têm grandes quantias de seguro e que, portanto, já têm muitas apólices válidas. Ele fez centenas de vendas sem pedir aos possíveis compradores para fazer seguro adicional, simplesmente analisando suas programações de apólices de um jeito muito habilidoso, de forma a plantar na mente desses homens a ideia de que precisam de seguro adicional de um ou outro tipo.

Confiança deve ser criada na mente dos compradores em potencial pelo mestre em vendas. Se você qualifica adequadamente seus compradores em potencial, constrói confiança neles enquanto isso.

Todo esse processo de qualificar o comprador em potencial deve ser feito antes de você tentar fechar a venda. Praticamente toda venda perdida depois de a apresentação ter sido feita é devida a uma destas duas razões:

Primeiro, o vendedor deixou de qualificar com precisão o comprador em potencial antes de fazer a apresentação de vendas.

E segundo, o vendedor não neutralizou devidamente a mente do comprador em potencial antes de tentar fechar a venda.

NEUTRALIZAR A MENTE DO COMPRADOR

Depois que o comprador em potencial foi qualificado, ou durante o processo de qualificação antes de uma venda poder ser feita, a mente do cliente precisa ser esvaziada de atitude negativa, preconceito, ressentimento e outras condições desfavoráveis ao vendedor. A mente do comprador em potencial precisa ser cultivada e preparada antes de a semente do desejo poder ser plantada nela com sucesso.

Um comprador em potencial neutro ou favorável tem:

1. *Confiança:* o comprador deve ter confiança no vendedor e nos bens ou serviços.
2. *Interesse:* o comprador precisa ser abordado por intermédio de um apelo à sua imaginação, e pelo interesse que isso desperta no produto que é oferecido.

3. *Motivo:* o comprador precisa ter sempre um motivo lógico para comprar. A construção desse motivo é a tarefa mais importante desse vendedor.

A mente de um comprador em potencial não foi neutralizada e tornada favorável até que essas três condições existam nela.

O primeiro dever do vendedor é criar confiança na mente do comprador em potencial. Nada constrói confiança mais depressa que um interesse autêntico nos problemas comerciais do comprador. O profissional de vendas inteligente faz uma análise cuidadosa do comprador, dos negócios do comprador e dos altos e baixos que o comprador tem que enfrentar ao administrar seus negócios.

O segundo dever do vendedor ao preparar a mente do comprador é despertar interesse nos bens e serviços à venda. Para despertar interesse em seus produtos, você vai ter que usar imaginação, fé, entusiasmo, conhecimento de sua mercadoria, persistência e habilidade para vender. A mente neutra não terá nenhuma utilidade se você não tiver a habilidade de plantar nessa mente a semente do desejo por sua mercadoria. E essa semente não pode ser plantada sem interesse por parte do comprador em potencial.

O terceiro dever do vendedor é criar um motivo apropriado para induzir o possível comprador a comprar seus produtos. Isso significa que você tem de ter pleno e completo conhecimento do comprador em potencial e dos negócios do comprador.

Deixar de neutralizar a mente do comprador em potencial é uma das cinco maiores fraquezas do vendedor que não alcança o sucesso. Não há regra fixa a ser seguida para neutralizar a mente de compradores em potencial. Cada indivíduo é um caso que oferece condições peculiares, e cada caso deve ser tratado por seus próprios méritos.

Alguns métodos que foram utilizados para neutralização:

1. *Contatos sociais* por meio de clubes esportivos, de atividades físicas ou recreativos. Dizem que mais negócios são feitos nos campos de golfe do que nos escritórios. Certamente, cada mestre em vendas conhece o valor do *networking* e dos contatos desse tipo.
2. *Afiliações religiosas.* Você pode conhecer pessoas por intermédio de sua igreja, sinagoga ou mesquita. Conexões feitas nessas circunstâncias tendem a estabelecer confiança.
3. *Associações profissionais,* fraternidades, hospedagens e sindicatos. Em muitas linhas de venda, é muito útil ao vendedor estabelecer contatos por meio de organizações baseadas em formação ou interesses comuns, onde pessoas deixam de lado naturalmente os limites da formalidade.
4. *Cortesias pessoais.* Jantares oferecem oportunidades favoráveis para estabelecer confiança, o que, por sua vez, ajuda a neutralizar a mente.
5. *Serviço pessoal.* Em algumas condições, os vendedores podem prestar serviço valioso e oferecer informação útil àqueles com quem pretendem fazer negócios posteriormente.
6. *Interesses e hobbies em comum.* Quase todo mundo tem um *hobby* ou algum interesse além dos negócios. Quando falam ou se dedicam a um *hobby* ou uma atividade de lazer, as pessoas são sempre propensas a sair de trás de suas defesas habituais.

Depois de neutralizar a mente do comprador e estabelecer confiança, o próximo passo ao fazer uma venda é cristalizar essa confiança em interesse por seus bens ou serviços. Aqui você deve construir toda a apresentação de vendas em torno de um motivo central apropriado e mais adequado aos negócios e à situação financeira de seu comprador em potencial. Depois que estabeleceu confiança, criou interesse e apelou para o motivo, você chegou ao ponto em que a venda pode ser fechada.

A VENDA BEM-SUCEDIDA É COMO UMA PEÇA DE TRÊS ATOS

A habilidade para vender envolve princípios semelhantes àqueles em que se baseia uma peça de teatro, um filme ou um programa de televisão de sucesso. A psicologia de vender a um indivíduo é muito semelhante àquela usada pelos atores para vender a história à plateia.

Ato I, Interesse: o roteiro bem-sucedido precisa ter um ato de abertura forte que capture a atenção e desperte o interesse da plateia. Interesse deve ser criado pela neutralização da mente do comprador em potencial e pelo estabelecimento de confiança, e sua abordagem deve ser forte o suficiente para despertar interesse tanto no vendedor quanto nos bens e serviços. Se você falhar nesse primeiro ato, vai ter dificuldades, talvez até impossibilidade, para fazer a venda.

Ato II, Desejo: desejo deve ser desenvolvido por meio da apresentação apropriada de motivo. Sua apresentação de vendas pode ser fraca "no meio" sem matar a venda, desde que a abertura e o encerramento sejam fortes e envolventes. O segundo ato desenvolve a trama, e a plateia será caridosa, desde que goste do primeiro ato o suficiente para acreditar que vai haver um clímax forte.

Ato III, Ação: ação, ou encerramento, pode ser induzida apenas pela apresentação apropriada dos dois atos anteriores. Esse terceiro ato realiza o objetivo. Tem que ser um nocaute, independentemente dos dois primeiros atos, ou a peça será um fracasso.

É desnecessário dizer que o diretor (vendedor) que apresenta com sucesso o drama de três atos da venda deve ter e usar imaginação.

A imaginação é a oficina da mente em que é criada cada ideia, plano e imagem mental com os quais o vendedor cria desejo na mente do comprador em potencial.

Palavras sozinhas não vendem. Palavras misturadas em combinações de pensamento que criam desejo vendem.

Alguns vendedores nunca aprendem a diferença entre conversa rápida que parece não terminar nunca e palavras-imagens cuidadosamente pintadas que provocam a imaginação do comprador em potencial.

O objetivo único de neutralizar a mente de compradores em potencial é, certamente, estabelecer confiança. A menos que a confiança seja construída na mente do possível comprador, nenhuma venda poderá ser feita.

OS DEZ FATORES SOBRE OS QUAIS A CONFIANÇA É CONSTRUÍDA

1. Seguir o hábito de prestar mais e melhor serviço do que aquele pelo qual se é pago.
2. Não participar de nenhuma transação que não beneficie todos a quem ela afeta.
3. Não fazer nenhuma afirmação que não acredite ser verdadeira, sejam quais forem as vantagens que essa falsidade possa parecer oferecer.
4. Ter o desejo sincero de ser da maior utilidade possível para o maior número possível de pessoas.
5. Cultivar uma admiração integral pelas pessoas; gostar mais delas do que gosta de dinheiro.
6. Fazer o melhor possível para viver sua própria filosofia de negócios. Ações falam mais alto que palavras.

7. Não aceitar favores, grandes ou pequenos, sem retribuir com favores.
8. Não pedir nada a ninguém, a menos que acredite ter direito àquilo que pede.
9. Não discutir com ninguém por detalhes triviais ou não essenciais.
10. Espalhar a luz do sol do bom ânimo onde e sempre que for possível.

UM MESTRE PODE VENDER QUALQUER COISA

Um mestre em vendas pode vender a uma pessoa qualquer coisa de que essa pessoa precisar, se o comprador tiver confiança no vendedor.

Um mestre em vendas também pode vender a uma pessoa muitas coisas de que a pessoa não precise, mas um mestre em vendas não faz isso. Lembre-se, para ser um mestre em vendas, você precisa fazer o papel duplo de comprador e vendedor. Portanto, você não deve tentar vender a ninguém nada que não compraria você mesmo se estivesse na posição do comprador em potencial.

Todo negócio bem-sucedido precisa ter a confiança dos clientes. O profissional de vendas é o intermediário por meio de quem essa confiança é adquirida, ou perdida. O mestre em vendas conhece a importância de adquirir e preservar a confiança dos compradores, por isso ele negocia com eles como se fosse o dono do negócio.

Métodos de alta pressão, declarações exageradas de fatos, má representação deliberada e outras coisas do tipo destroem a confiança.

Se você é um vendedor que sabe como construir a ponte de confiança para compradores em potencial, pode decidir quanto vai ganhar.

***

Há alguns anos, quando quase todo mundo usava chapéu, conheci um mestre em vendas que comandava uma cadeia de lojas de chapéus masculinos em Chicago. Essa loja garantia que, se o cliente ficasse insatisfeito com a compra, poderia devolver o chapéu, ou qualquer parte dele, e levar um novo sem que nenhuma pergunta fosse feita.

O proprietário da loja me contou que um homem voltava duas vezes por ano havia sete anos, e sempre trocava o chapéu velho por um novo.

"E você permite que ele faça isso?"

"Como assim?", respondeu o dono da loja. "Acorde, homem! Se eu tivesse cem homens fazendo a mesma coisa, poderia me aposentar em cinco anos com todo o dinheiro de que preciso. Não há um dia que não tenhamos vendas provocadas pelos comentários desse homem. Ele é, literalmente, uma publicidade que anda e fala."

O comentário lançou uma luz inteiramente nova sobre o assunto. Vi que esse proprietário de lojas de chapéu tinha construído um negócio enorme baseado em uma política incomum que desenvolvia confiança.

Há duas ocasiões importantes que fazem as pessoas falarem sobre um negócio: quando pensam que foram enganadas, e quando recebem tratamento mais justo do que esperavam.

Todo mundo é assim. Todas as pessoas se impressionam com a lei do contraste. Qualquer coisa incomum ou inesperada deixa uma impressão duradoura, seja favorável ou desfavorável.

A ARTE DE FECHAR UMA VENDA

Dizem que fechar uma venda é a parte mais difícil de toda transação. Mas isso não é verdade se o trabalho de base foi feito adequadamente. Na verdade, o clímax da venda é um mero detalhe se a venda foi bem-preparada.

Em quase todos os casos em que uma venda é difícil de fechar, a dificuldade pode estar em alguma parte da transação que levou à venda. Se você é um mestre em vendas, preparou cuidadosamente o caminho para a conclusão, passo a passo, com a devida atenção aos seguintes detalhes:

1. Você tomou cuidado para neutralizar a mente de seu comprador em potencial para torná-lo receptivo à sua apresentação de venda.
2. Deixou a mente de seu comprador em potencial favorável pelo estabelecimento da confiança.
3. Qualificou com precisão a mente do comprador em potencial para ter certeza de que está lidando com um potencial, não com um mero "suspeito".
4. Acima de tudo, você plantou na mente do comprador em potencial o motivo mais lógico para comprar.
5. Você testou o comprador em potencial durante sua apresentação de vendas e verificou que ele acompanhava sua apresentação com interesse. Isso é feito pela observação atenta da expressão facial e das declarações do possível comprador, que indicam um desejo pelo objeto da venda.
6. Por último, mas não menos importante, você fez a venda na sua cabeça antes de tentar fechá-la. Sabe disso pela "sensação" da mente do seu possível comprador. Você não pode se tornar um mestre em vendas sem desenvolver a capacidade de sintonizar a mente do comprador em potencial. Essa habilidade, mais que todo o resto, é a característica que distingue um mestre em vendas.

Depois de cumprir essas etapas satisfatoriamente, o vendedor está pronto para a venda. Há milhares de vendedores que podem despertar interesse, e esse é o primeiro passo para o processo da venda de fato. E há milhares que podem criar um desejo por seus bens ou serviços, o segundo passo.

Mas, na terceira etapa, eles caem porque não têm a habilidade para fechar. Lembre-se, se o conselho deste livro foi devidamente aprendido, o fechamento é fácil e nada mais que um mero detalhe.

SUGESTÕES PARA FECHAR UMA VENDA

As seguintes sugestões serão úteis, mesmo para o vendedor experiente, ao desenvolvimento da maestria no fechamento da venda:

1. Não permita que seu comprador em potencial o desvie de seu plano de vendas discutindo assuntos que não são essenciais ou pertinentes. Se o possível comprador insiste em interrompê-lo e tenta dirigir a conversa para construir uma desculpa para não comprar, permita até que ele esgote a tática. Depois, com tato, retome sua linha de pensamento assim que o comprador hesitar. Vá em frente e desenvolva seus pensamentos até o clímax. Isso é absolutamente essencial. Ou o vendedor ou o possível comprador domina a conversa. Faz uma grande diferença que seja o vendedor a dominá-la.
2. Antecipe as questões negativas e quaisquer objeções que sinta na mente do comprador em potencial. Adiante-se ao comprador. Faça e responda essas perguntas você mesmo. Mas nunca levante questões negativas, a menos que tenha certeza de que seu possível comprador as tem em mente. Quando vender, vale a pena "não cutucar a onça com vara curta".
3. Presuma sempre que seu comprador em potencial vai comprar, independentemente do que ele diz para indicar o contrário. Informe o comprador com cada palavra e cada movimento que espera que ele compre. Se fraquejar nesse ponto, você já começa derrotado, porque seu comprador pode ser sagaz o

suficiente para perceber que não você está seguro. Se seu comprador em potencial suspeita de que você está inseguro, isso será usado como desculpa para uma resposta negativa quando você tentar fechar a venda. O mestre em vendas nunca hesita, nem por um momento. Esteja alerta para esse tipo de tática e preparado para negociar com sucesso a esse tipo de oposição.

4. Assuma a atitude de que seu comprador está certo. A maioria dos vendedores medíocres comete o engano de tentar impressionar o comprador em potencial com seu conhecimento superior. Isso, normalmente, resulta em resultados ruins. Qualquer sugestão que faça, seja por afirmação direta, seja por insinuação, de que é mais esperto que seu comprador vai criar um antagonismo com ele, mesmo que o comprador não demonstre abertamente. Agir como sabe-tudo custou a mais de um vendedor a oportunidade de fazer uma venda.
5. Quando mencionar o valor da compra, estabeleça um número alto. É melhor diminuir, se achar necessário, do que determinar uma quantia muito baixa e depois se descobrir sem margem para negociar na hora do fechamento. Mesmo que o valor mencionado esteja fora do alcance financeiro do comprador em potencial, presumir que ele pode comprar mais do que realmente pode não vai ofender seu comprador. Se, no entanto, você cometer o erro de subestimar a capacidade financeira de seu comprador, pode ofendê-lo. Já aconteceu muitas vezes.
6. Use o método de perguntar para incentivar seu comprador em potencial a dar informação sobre os pontos a partir dos quais você pretende construir sua apresentação de vendas. Depois refira-se a esses pontos como ideias de seu comprador. Isso está entre as táticas de vendas mais eficientes, já que o com-

prador vai, naturalmente, sustentar qualquer afirmação que tenha feito (ou pense ter feito).

7. Se seu comprador em potencial quiser consultar um banqueiro, advogado, cônjuge ou conselheiro respeitado, parabenize-o pelo bom senso e pela cautela. Mas comece então, com tato, a plantar a ideia de que, embora os banqueiros saibam sobre emprestar dinheiro, os advogados entendam as tecnicalidades da lei, e esposas, maridos ou amigos possam ser bem informados e leais, persiste o fato de que nenhum deles sabe tanto sobre os bens ou serviços que você oferece quanto você mesmo. Você tem todos os fatos, enquanto os outros não têm tempo ou interesse suficiente para obter as informações internas. Você também pode plantar sutilmente na mente de seu comprador em potencial a ideia de que ele conhece melhor que qualquer outra pessoa a própria mente e seus negócios.
8. Evite permitir que seu comprador em potencial pense na proposta, a menos que haja um motivo muito lógico para a demora. Se a questão exige reflexão, ajude seu comprador a pensar no que for necessário ali mesmo, naquele momento. Lembre-se, um grama de persistência nesse ponto vale uma tonelada de conserto depois. A verdade é que muitas vendas perdidas poderiam ter sido salvas se o vendedor tivesse persistido por mais alguns minutos.

O MOMENTO CERTO PARA FECHAR

Muito se tem falado sobre o fechamento de vendas no momento psicológico acertado, mas a experiência comprova que a maioria dos vendedores não sabe que momento psicológico é esse. O momento psicológico é aquele em que o vendedor sente que o possível comprador está pronto para fechar o negócio. Existe esse momento em toda venda.

Uma das grandes diferenças entre um mestre em vendas e um vendedor medíocre é a capacidade do mestre em vendas para sentir o que está na mente do possível comprador além do que esse comprador manifesta em palavras.

Quando sentir o momento psicológico para o fechamento, anuncie o valor envolvido na compra e siga para o fechamento da venda imediatamente. Uma demora de alguns minutos, ou menos alguns segundos, pode dar ao comprador em potencial a chance de mudar de ideia.

Se, ao tentar fechar a venda, você descobrir que avaliou mal o momento psicológico, volte à sua apresentação de vendas, abordando os novos argumentos finais que guardou para uma emergência como essa. Você também vai precisar providenciar uma coleção de argumentos emergenciais se quiser ascender à categoria do mestre em vendas.

Se você é um verdadeiro mestre em vendas, nunca mostra todas as suas cartas, a menos que seja obrigado. Mesmo então, não mostra todas elas imediatamente. Sempre guarda algumas para o caso de ter que fazer uma apresentação de vendas secundária a fim de conseguir o pedido.

O momento psicológico para o fechamento é algo que o vendedor normalmente tem que sentir, embora haja ocasiões em que o momento é óbvio pelas declarações do possível comprador, ou por sua linguagem corporal e expressão facial. O vendedor cuja mente é negativa, ou que não tem autoconfiança, muitas vezes deixa de sentir o momento psicológico para fechar a venda, porque o vendedor confunde o próprio estado mental com o do possível comprador.

Por sua vez, esse princípio também pode ser posto em prática a seu favor. Se um vendedor pode transmitir um pensamento negativo a um comprador em potencial (o que todo mundo já viu acontecer), ele também pode transmitir um pensamento positivo. E é por isso que você deve sempre adotar uma atitude, tanto mental quanto em maneiras, que favoreça o fechamento da venda.

Se o comprador em potencial sente sua ansiedade para fechar uma venda rapidamente, isso geralmente é fatal, porque a ansiedade para fechar é sempre acompanhada por falta de confiança por parte do vendedor. Sua ansiedade (e a falta de confiança) é transmitida por palavras, pela expressão facial e pela impressão geral que você dá.

Se o possível comprador tem a impressão de que o vendedor está ansioso para fazer uma venda porque precisa de dinheiro, as chances de fazer a venda geralmente são arruinadas. O vendedor que tem um ar de prosperidade na aparência pessoal e no tom de voz geralmente tem sucesso no fechamento. O motivo é óbvio.

Um mestre em vendas raramente pergunta ao possível comprador se ele está pronto para fechar. Se você é um mestre em vendas, no momento psicológico acertado vai simplesmente preparar o pedido, comportando-se como se a questão da venda já estivesse acertada. Perguntar ao possível comprador se está pronto para fechar negócio equivale a expressar dúvida de que esteja. Mas preparar o pedido e entregá-lo ao comprador em potencial não deixa dúvida sobre o estado mental do vendedor acerca do assunto. O comprador normalmente reage de maneira positiva a uma sugestão desse tipo – se a apresentação de vendas foi feita adequadamente e o desejo de comprar foi plantado na mente do possível comprador.

Lembre-se de que o primeiro lugar para fechar uma venda é na sua cabeça. O mundo todo abre espaço se você sabe exatamente o que quer e tomou a decisão de conseguir exatamente isso. O vendedor que exibe o menor sinal de hesitação ou dúvida quando chega a hora do fechamento pode muito bem nem se preocupar com o pedido.

* * *

Certa vez treinei um exército de vendedores de três mil homens e mulheres para uma empresa em Chicago. Eficiência tinha que ser a palavra de ordem, então, antes de qualquer vendedor ser contratado, tinha que fechar uma venda a pelo menos um de cinco compradores em potencial. Em várias ocasiões, vendedores procuravam esses cinco possíveis compradores até dez vezes antes de uma venda ser consumada.

No grupo de três mil profissionais de vendas, apenas 128 deixaram de se qualificar para o emprego por não conseguirem fazer uma venda entre os primeiros cinco possíveis compradores. Ensinamos a esses vendedores que o "não" raramente deve ser levado a sério.

Para ter certeza de que nosso pessoal de vendas aprendeu confiança, criamos nossos escritórios "placebo". Nos casos em que tínhamos certeza de que tudo de que um vendedor precisava era um pouco mais de confiança, incluíamos essas companhias placebo nos primeiros cinco contatos do vendedor. Os gerentes da companhia placebo eram instruídos a obrigar o vendedor a brigar muito, mas deixá-lo vencer fechando a venda. Essas vendas eram concretizadas, as comissões eram pagas, e o efeito era impressionante – especialmente nos casos de vendedores que nunca tentaram vender antes.

Normalmente deixávamos o vendedor ligar para a companhia placebo por último, depois de outros quatro possíveis compradores verdadeiros. Descobrimos que, depois de fazer a venda para o placebo, o efeito era tão estimulante, que muitas vezes podíamos pedir ao vendedor para repetir a lista dos outros quatro possíveis compradores, e a maioria deles vendia na segunda tentativa.

Ficou evidente, para mim, que o estado mental do vendedor é mais determinante para o fechamento da venda que o estado mental do comprador em potencial.

VEJA-SE COMO REALMENTE É

[Esta seção final e o questionário são extraídos de Quem pensa enriquece – A edição do século 21.*]*

Seu trabalho na vida é alcançar sucesso. Todo sucesso começa na forma de impulsos de pensamento.

Você controla sua mente: tem o poder de alimentá-la com os impulsos de pensamento que escolher. Com isso vai a responsabilidade de usar sua mente de maneira construtiva. Você é mestre do seu destino na Terra, tão certamente quanto tem o poder de controlar seus pensamentos. Você pode influenciar, dirigir e até controlar seu ambiente, fazendo de sua vida o que quer que ela seja.

A seguinte lista de perguntas serve para ajudá-lo a se ver como realmente é. Você deve ler a lista inteira agora, depois escolher um dia em que possa dedicar o tempo adequado para estudar a lista novamente e responder sinceramente a cada pergunta. Quando fizer isso, eu o aconselho a ler as questões e dar suas respostas em voz alta, para poder ouvir sua voz. Isso vai tornar mais fácil ser verdadeiro com você mesmo.

PERGUNTAS DE AUTOANÁLISE

Você reclama com frequência por "se sentir mal" e, se sim, qual é a causa?

Aponta os defeitos de outras pessoas à menor provocação?

Comete erros frequentes em seu trabalho e, se sim, por quê?

É sarcástico e ofensivo em sua conversação?

Evita sempre e deliberadamente associar-se a qualquer pessoa e, se sim, por quê?

Sofre frequentemente de indigestão? Se sim, sabe o motivo?

Para você a vida parece fútil, e o futuro, sem esperança?

Gosta da sua ocupação? Se não, por quê?

Sente autopiedade frequentemente e, se sim, por quê? Tem inveja de quem é melhor que você?

A que dedica a maior parte do tempo – pensamentos de sucesso ou de fracasso?

Está ganhando ou perdendo autoconfiança à medida que envelhece?

Aprende alguma coisa de valor com todos os erros?

Está permitindo que algum parente ou conhecido o preocupe? Se sim, por quê?

Às vezes fica empolgado com a vida, e outras vezes mergulha no desânimo?

Qual é sua influência mais inspiradora, e por quê?

Tolera influências negativas ou desanimadoras que poderia evitar?

É descuidado com a aparência pessoal? Se sim, quando e por quê?

Aprendeu a ignorar seus problemas mantendo-se ocupado demais para se incomodar com eles?

Você se consideraria um "covarde fracote", se permitisse que outras pessoas pensassem por você?

Quanto aborrecimentos evitáveis o irritam, e por que os tolera?

Você recorre ao álcool, às drogas, ao cigarro e outras compulsões para "acalmar os nervos"? Se sim, por que não tenta força de vontade, em vez disso?

Alguém te irrita e, se sim, por que motivo?

Você tem um objetivo principal definido e, se sim, qual plano tem para alcançá-lo?

Sofre de algum dos seis medos básicos? Se sim, quais?

Desenvolveu um método para se proteger da influência negativa de outras pessoas?

Usa a autossugestão para tornar sua mente positiva?

O que mais valoriza, seus bens materiais ou o privilégio de controlar os próprios pensamentos?

É facilmente influenciado por outras pessoas, contra seu próprio julgamento?

O dia de hoje acrescentou alguma coisa de valor ao seu estoque de conhecimento ou estado mental?

Você enfrenta diretamente as circunstâncias que o fazem infeliz, ou se esquiva da responsabilidade?

Analisa todos os erros e fracassos e tenta lucrar com eles, ou adota a atitude de que esse não é seu dever?

Consegue nomear três de suas fraquezas mais prejudiciais? O que está fazendo para corrigi-las?

Incentiva outras pessoas a trazer suas preocupações a você por piedade?

Escolhe, entre suas experiências diárias, lições ou influências que ajudam no seu progresso pessoal?

Via de regra, sua presença tem uma influência negativa sobre outras pessoas?

Que hábitos de outras pessoas mais o irritam?

Você forma as próprias opiniões, ou se deixa influenciar por outras pessoas?

Aprendeu a criar um estado mental no qual pode se proteger de todas as influências desanimadoras?

Sua ocupação o inspira com fé e esperança?

Tem consciência de ter forças espirituais ou poder suficiente para poder manter sua mente livre de todas as formas de medo?

Sua religião o ajuda a manter a mente positiva?

Sente que é sua obrigação compartilhar das preocupações de outras pessoas? Se sim, por quê?

Se acredita que "os semelhantes se atraem", o que aprendeu sobre você mesmo estudando os amigos que atrai?

Que conexão você vê entre as pessoas com quem se associa mais intimamente e qualquer infelicidade que possa sentir, se é que vê alguma?

É possível que uma pessoa que você considera um amigo seja, na verdade, seu pior inimigo, pela influência negativa que exerce sobre sua mente?

Por quais regras julga quem é útil e quem é prejudicial a você?

Seus associados próximos são mentalmente superiores ou inferiores a você?

Que porção de 24 horas você dedica a:

- sua ocupação;
- sono;
- lazer e relaxar;
- adquirir conhecimento útil;
- puro desperdício de tempo.

Quem entre seus conhecidos:

- mais o incentiva;
- mais o previne;
- mais o desestimula.

Qual é sua maior preocupação? Por que a tolera?

Quando outras pessoas oferecem conselho de graça e não solicitado, você aceita sem questionar, ou analisa os motivos para isso?

O que mais deseja, acima de tudo? Pretende conquistar? Está disposto a submeter todos os outros desejos a esse?

Quanto tempo dedica diariamente a conquistar esse desejo?

Você muda de ideia com frequência? Se sim, por quê?

Normalmente termina tudo o que começa?

É facilmente impressionado pelos títulos profissionais, diplomas ou riquezas de outras pessoas?

É facilmente influenciado pelo que outras pessoas pensam ou falam sobre você?

Agrada pessoas por causa de seu *status* social ou financeiro?

Quem acredita ser a maior pessoa viva? Em que aspecto essa pessoa é superior a você?

Quanto tempo você dedicou a estudar e responder essas perguntas? É necessário pelo menos um dia para analisar e responder a lista inteira.

Se você respondeu a essas perguntas com sinceridade, sabe mais sobre você que a maioria das pessoas. Estude as questões cuidadosamente, volte a elas uma vez por semana durante vários meses, e surpreenda-se com a quantidade de conhecimento adicional de grande valor que terá adquirido pelo método simples de responder a perguntas com sinceridade. Se você não tem certeza sobre as respostas para algumas perguntas, busque o conselho daqueles que sabe que o conhecem bem, especialmente aqueles que não têm motivos para adulá-lo, e enxergue-se pelos olhos deles. A experiência será surpreendente.

A ÚNICA COISA SOBRE A QUAL VOCÊ TEM CONTROLE ABSOLUTO...

Você só tem controle absoluto sobre uma coisa: seus pensamentos. Essa capacidade de controlar seus pensamentos é o único meio pelo qual você pode controlar seu destino. Se deixar de controlar a própria mente, pode ter certeza de que não vai controlar mais nada.

Você tem a força de vontade para isso.

As Regras de Ouro – Os textos perdidos apresentam os artigos escritos por Napoleon Hill entre 1919 e 1923. Eles deram início a tudo. Nunca antes coletados em forma de livro, esses artigos apresentam lições de sabedoria de valor inestimável, as quais são tão aplicáveis hoje quanto eram há quase um século. Com base em entrevistas com magnatas famosos que saíram da miséria e alcançaram a riqueza, elas revelam caminhos comprovados e eficazes para o sucesso que realmente funcionam para qualquer pessoa – ontem, hoje e amanhã.

Napoleon Hill tem inspirado as pessoas a alcançarem o seu melhor há mais de oitenta anos. Ele foi o primeiro e mais famoso autor motivacional de todos os tempos e, de fato, os autores de desenvolvimento pessoal mais bem-sucedidos da atualidade devem muito à sabedoria perspicaz de Hill, incluindo algumas de suas melhores ideias.

Esses textos poderosos são repletos de inspiração e motivação, e oferecem uma visão atemporal sobre habilidades fundamentais quando falamos sobre sucesso, tais como o poder da sugestão, construção da autoconfiança, uso da persuasão *versus* força e a lei da atração. Se essas ideias soam familiares, posso afirmar que realmente são. Muitos escritores famosos da atualidade vêm ajustando e reformulando as ideias de Hill por décadas, mas a fonte original continua sendo incomparavelmente melhor.

A vida de Greg está desmoronando. Após ser abandonado pela namorada e ver seus negócios fracassarem, ele está a um passo de desistir de tudo. Até que um encontro inesperado muda para sempre o curso da sua história, e de maneira surpreendente.

Napoleon Hill realizou uma pesquisa que acabou resultando em seu extraordinário best-seller *Quem pensa enriquece – Edição oficial e original de 1937*, com mais de 110 milhões de cópias vendidas em todo o mundo. O livro inspirou gerações de homens e mulheres a transformar seus sonhos em realidade com seus princípios sábios e eficazes de automotivação, liderança, serviço e realizações selecionados das entrevistas que Hill fez com visionários de sua época.

A três passos do ouro apresenta os princípios-chave do best-seller revolucionário por meio de uma alegoria de negócios notável, contando a história de como esse jovem empresário, até então imerso em dificuldades, consegue refazer os passos de Hill após um encontro fortuito com um poderoso empresário, que o coloca em uma jornada pessoal desafiadora, de crescimento espiritual e financeiro.

Na medida em que você acompanhar os passos de Greg, ao longo de uma série de encontros com alguns dos mais importantes líderes empresariais e figuras inspiradoras da atualidade que mudaram a sua vida, você encontrará incentivo e motivação para acreditar em si mesmo, descobrir sua própria Equação de Sucesso Pessoal e nunca mais desistir. Você está apenas a três passos do ouro!

Napoleon Hill, o lendário autor dos clássicos best-sellers *Quem pensa enriquece – Edição oficial e original de 1937* e Mais esperto que o diabo, foi imortalizado por suas contribuições ao gênero de desenvolvimento pessoal. Neste trabalho inédito, Hill compartilha hábitos-chave que fornecem a base para o sucesso de mudança de vida. *Hábitos dos milionários* explica as regras fundamentais que constroem uma vida próspera e revisita conceitos já consolidados de Hill, porém de uma maneira totalmente nova e aplicada para a sua rotina.

"Preciso fazer um alerta: se você acha que *Hábitos dos milionários* é só mais um dos vários livros de autoajuda que existem por aí, você está completamente enganado. Este livro, diferente dos outros, é o fruto de um estudo real, de muitos anos atrás, e que conseguiu com êxito identificar os hábitos que fazem parte do dia a dia das pessoas de sucesso.

O que ele propõe não é uma criação, mas algo ainda mais valioso: ele propõe a comprovação de que as pessoas mais bem-sucedidas do mundo têm os mesmos hábitos – e propõe lhe ensinar quais hábitos são esses."

– **Thiago Nigro** | Idealizador do canal O PRIMO RICO

O manuscrito original – As leis do triunfo e do sucesso de Napoleon Hill é a bíblia para a realização profissional em qualquer campo de atividade, resultado de mais de vinte anos de pesquisas do autor. Napoleon Hill entrevistou centenas dos homens mais ricos e bem-sucedidos de seu tempo, manteve contato próximo com vários deles, treinou exércitos de vendedores e também entrevistou mais de 15 mil pessoas para orientá-las na carreira profissional.

O manuscrito original ensina o que fazer para ser bem-sucedido na vida. Sucesso é mais do que acumular dinheiro e exige mais do que uma mera vontade de chegar lá. Napoleon Hill explica didaticamente como pensar e agir de modo positivo e eficiente e como conseguir a ajuda dos outros para a realização de objetivos. Cada capítulo do *O manuscrito original* aborda um tema específico, seguindo uma ordem evolutiva cuidadosa.

Napoleon Hill (1883–1970), autor dos best-sellers *Quem pensa enriquece – O legado*, *Mais esperto que o Diabo* e *Atitude mental positiva*, foi pioneiro na literatura sobre realização pessoal e é um dos melhores escritores sobre sucesso de todos os tempos. *O manuscrito original* (no original, *The Law of Success in Sixteen Lessons*) é sua obra de maior expressão e um clássico do gênero.